AF495182

CONSIDÉRATIONS

POLITIQUES

ET

PHILOSOPHIQUES,

SUR LES

AFFAIRES PRÉSENTES

DU NORD

ET PARTICULIÉREMENT

SUR CELLES

DE POLOGNE.

A LONDRES,

M D C C L X X I I I.

CONSIDERATIONS
POLITIQUES
ET
PHILOSOPHIQUES,

SUR LES AFFAIRES PRÉSENTES DU NORD ET PARTICULIEREMENT SUR CELLES DE POLOGNE.

CE qui se passe aujourd'hui dans le Nord fixe l'attention de toute l'Europe: il n'est point de Nations qui n'aient un intérêt, soit présent, soit futur, à l'événement qui doit décider du sort de la République de Pologne; l'Allemagne rélativement à sa liberté; la France à cause de l'influence qu'elle a eue jusqu'à présent dans les affaires politiques de toute l'Europe; la Suede & le Dannemarck, parce qu'ils ont des prétentions à faire valoir & des possessions à conserver; l'Angleterre & la Hollande plus qu'aucune autre, vû leur commerce. Un intérêt plus pressant, celui de l'humanité, fait désirer à toutes les ames sensibles qu'un changement heureux de Gouvernement indemnise les Polonois de la perte d'une partie de leur territoire dont ils font menacés; qu'une paix glorieufe faite avec le Turc, affure à l'Augufte Princeffe qui gouverne la Ruffie, l'immortalité que la fageffe de fon Gouvernement, fes actions de bienfaifance & d'humanité lui ont déja méritée: que le Roi de Pruffe raffafié de gloire & fatisfait de fa puiffance, renonçant à de nouveaux lauriers puiffe, dans le fein de la paix, éclairer l'Univers par de nouveaux écrits, accroître la richeffe de fon pays, & affurer pour jamais le bonheur de fes peuples, en les rendant plus actifs, & plus laborieux: que le Chef de l'Empire plus occupé des travaux de la paix que de ceux de la guerre, préfere le titre de grand & de bon Roi, qu'il a déjà obtenu de fon fiecle, & que la poftérité lui donnera, à celui de guerrier célebre, qu'il ne pourroit obtenir fans faire répandre des larmes à l'humanité.

Un coup d'œil rabide jetté fur tout ce qui s'eft paffé depuis le commencement des troubles de Pologne, pourra dans ce moment répandre quelque lumiere & fur le paffé & fur l'avenir. Admirateur des Ruffes, je ne déguiferai pas leurs torts: comme Politique, je pourrai fouvent les louer; comme Philofophe, je me permettrai quelquefois auffi de cenfurer leur conduite. Touché des malheurs des Polonois, je n'affoiblirai pas leurs fautes. Je rendrai juftice à leur bravoure, à leur courage, & je payerai un jufte tribut d'hommage à leur attachement pour leur Conftitution nationale: mais je me permettrai de critiquer les défauts & les imperfections de cette même Conftitution; j'admirerai

leur patriotifme, lorfque je le croirai vrai & fincere : mais je m'éleverai avec force contre celui
qui ne fera que le mafque de l'égoïfme. Moins
d'obftination de leur part, plus de modération de
la part des Ruffes, & peut-être plus de juftice
dans tous les deux, auroient épargné à l'Europe
le fpectacle affligeant qui l'occupe aujourd'hui.

Que les Ruffes aient formé depuis longtems le
projet de dominer dans le Nord, c'eft je crois ce
dont il feroit difficile de douter ; mais que ce projet ait été formé par la politique ou par l'ambition, c'eft un problème que la fuite pourra réfou-
dre ; mais fur lequel on peut cependant hazarder
préfentement quelques réflexions.

La Ruffie occupe 2000 lieues environ de terrein, d'Occident en Orient & plus de 800 lieues du
Sud au Nord ; mais il ne contient que 24,000,000
d'habitans : on ne doit donc pas vraifemblable-
ment préfumer qu'il foit de fon intérêt d'étendre
fes poffeffions en Europe, qui ne peut lui offrir
qu'une augmentation de domination qui affoibli-
roit plûtot fa puiffance, qu'elle ne la rendroit plus
folide. C'eft du côté de l'Afie que fes défirs doivent naturellement fe porter. L'Afie lui préfente
des moyens d'étendre fon commerce, un climat
plus agréable & des terres fertiles ; mais pour fe
livrer avec fécurité au commerce & à l'agricultre,
les Ruffes ont dû voir qu'il étoit pour eux de la
plus grande importance de n'avoir rien à craindre
pour leurs poffeffions d'Europe qui leur fervent de
limites, & qu'ils avoient pour voifins deux peu-

ples belliqueux d'autant plus redoutables, qu'ils ont de fortes raifons d'haïr les Ruffes. Ces deux voifins font les Polonois & les Suédois.

Les Suédois ont été fouvent vainqueurs des Ruffes ; les Polonois les ont auffi quelquefois combattu avec avantage ; les triomphes des uns ont été, il eft vrai, de peu de durée ; ceux des autres ont été plus conftants. Les Ruffes, il faut en convenir, ont de grandes facilités de faire la guerre aux Suédois, au lieu que les Suédois ne peuvent attaquer les Ruffes qu'avec beaucoup de difficultés. Ces difficultés confiftent principalement dans l'impoffibilité où eft la Suede de former des Magafins en Finlande, pays ftérile & inculte ; les Magafins de la Livonie & de l'Eftonie qui leur feroient fermés à la moindre apparence de guerre, les mettroient dans l'impoffibilité de faire les approvifionnements néceffaires pour la fufiftance de leurs armées. D'ailleurs pour que les Suédois puiffent porter la guerre dans la partie de la Finlande, qui appartient aux Ruffes, il faudroit qu'ils paffaffent la Mer, & en fuppofant même qu'ils le fiffent, ils ne trouveroient après le débarquement aucune place forte pour s'appuyer. Il n'y en a aucune dans toute la Finlande ; mais un peuple brave & courageux furmonte les plus grandes difficultés, & quand il eft animé par la vengeance, il n'eft pas de barrieres qui puiffent l'arrêter, point d'obftacles qui foient pour lui infurmontables.

Il étoit donc naturel que les Ruffes évitaffent

toute rupture avec les Suédois; qu'ils miffent tout même en ufage pour qu'ils fuffent dans l'impuiffance de faire aucune entreprife fur la Livonie, l'Eftonie & en Finlande. Le moyen le plus fûr pour y réuffir étoit d'affoiblir le Corps Politique de la Suede, & ce fut auffi celui que la Ruffie employa avec fuccès. Sous main elle fomenta la divifion entre les Sujets & le Souverain, fe fit des partifans dans le Sénat qu'elle s'attacha par des largeffes & excita le defir effréné de l'indépendance qu'elle fit paffer dans leur Cour. Ce défir fe communiqua bientôt à tous les ordres de l'Etat, ils n'eurent plus d'autres mouvemens que ceux que le Sénat voulut qu'ils euffent, & ce fut la Cœur de Pétersbourg qui régla tous ceux que le Sénat devoit avoir: de maniere qu'on pouvoit dire que c'étoit le Souverain de la Ruffie qui, fous le nom du Sénat, régnoit fur les Suédois. Ceux-ci avoient un Roi, mais ce Roi étoit fans pouvoir; ce Roi étoit revêtu de la dignité royale, il portoit le titre de Souverain, en avoit les honneurs, fans en avoir l'autorité. De ce gouvernement irrégulier naquit bientôt l'Anarchie, & l'effet de cette Anarchie, fut l'affoibliffement de tous les refforts de l'Etat, & par conféquent une impuiffançe abfolue de rien entreprendre contre les Ruffes,

Le fuccès qu'eut en Suede la Politique Ruffe, & la mort du Roi Augufte III. qui arriva alors, firent prendre au Miniftere de Ruffie la réfolution de tenter l'exécution du projet formé depuis longtems, de mettre auffi la Nation Polonoife dans fa dépendance. Les Ruffes n'ignoroient pas que la République de Pologne avoit comme la Suede des poffeffions à répéter, & ils craignoient que s'il arrivoit quelqu'événement en Suede qui détruifît leur ouvrage, les Polonois & les Suédois s'uniffant alors, ne fiffent avec fuccès valoir leurs prétentions refpectives & peut-être même reculer les limites de leur Empire. Il étoit donc important pour les Ruffes que le nouveau Roi qu'alloient choifir les Polonois, dût fon élévation, non aux fuffrages libres de fes compatriotes, mais à l'amitié des Ruffes; il falloit que ce Roi ne fût pas un prince étranger qui eût par lui-même une force réelle, comme l'Electeur de Saxe, ni un Seigneur Polonois qui comme les Radziwil, les Sapiéa, les Potoczy, étant riches & puiffants, auroient refufé le Sceptre & la Couronne, fi elle leur eût été offerte à des conditions qui auroient pu intéreffer, de quelque façon que ce fût, la Conftitution de leur pays. Le Comte Poniatousky pouvoit prétendre par fa naiffance à devenir le Chef de la République: il avoit même des qualités & des vertus qui le rendoient digne de cette place; mais fa jeuneffe, fon peu de fortune, fes liaifons avec la cour de Pétersbourg étoient plus que fuffifantes pour lui ôter toute efpérance de réunir en fa faveur les fuffrages. La Ruffie le favoit, mais elle favoit auffi que les Polonois n'étoient ni affez forts ni affez puiffant pour réfifter à fes volontés, quand elle employeroit la violence pour les faire exécuter; d'un autre côté il falloit prévenir les allarmes qu'une telle entreprife devoit naturellement caufer aux Puiffances voifines ; il falloit même ôter par une apparence de juftice & d'humanité aux Alliés & aux Nations protectrices de la République, tout prétexte de prendre fa défenfe.

Quelque injuftes que foient les hommes, ils rougiffent de leurs injuftices ; de-là vient le foin qu'ils prennent prefque toujours de les cacher fous quelques voiles trompeurs qui affoibliffant fes traits, les rend moins odieux. Les Ruffes déguiferent la leur à l'égard des Polonois en la revêtant des apparences de l'humanité; ils ne parurent d'abord en Pologne, les armes à la main, que comme les défenfeurs d'une partie des Citoyens opprimés par l'intolérance, qui avoient imploré leur protection. Protecteurs en apparence des Diffidens, les Ruffes devinrent bientôt en effet oppreffeurs de la République.

Ce qu'on nomme en Pologne *Diffidens*, font les Luthériens, les Calviniftes & les Grecs Schismatiques; on m'a affuré que ceux de ces trois Religions ne formoient pas en tout préfentement quarante familles, la plupart pauvres, & prefque toutes très obfcures. Les Juifs, les Moraves, les Anabaptiftes & les Quakers ne font pas compris fous la dénomination de Diffidens; mais font tous des Citoyens utiles, laborieux & induftrieux. Ils viennent d'Hollande, d'Angleterre, de Dantzick s'établir en Pologne. Le Commerce, l'Agriculture & les différents Arts méchaniques, fourni-

rent à leur fubfiftance: vivant tranquilles, ils en-
richiffoient leur nouvelle patrie, fans jamais prendre part aux affaires politiques. Un Confédération fe forma contre eux en 1696. Un Evêque
de Warmie, homme ignorant, fuperftitieux &
fanatique, anima contre ces bons patriotes, le
zele aveugle & inconfidéré des Catholiques Romains & obtint en 1699 un Acte qui condamnoit
tous les hérétiques à fubir la peine de mort, s'ils
perfiftoient dans leurs erreurs, ou s'ils ne quit-
toient pas les Etats de la République. Une conduite auffi contraire à la bonne Politique qu'à l'efprit de la Religion que profeffoient ceux qui la
tenoient, étoit en quelque forte, cependant, auto-
rifée par un Statut d'Vladiflas Jagellon qui condamnoit à de rigoureufes peines, non-feulement
ceux qui étoient infectés du venin de l'héréfie,
mais même ceux qui étoient fufpects de l'être.

Les Grecs ne furent pas compris dans cette
profcription; on les laiffa jouïr tranquillement de
la liberté de confcience qui leur avoit été accordée en 1340 par Cafimir le Grand, lorfqu'il joignit la Ruffie Rouge aux Etats de la République.
Cette Tolérance étoit entiere comme celle accordée aux Luthériens & aux Calviniftes; elle étoit
même regardée comme une Loi de l'Etat, que les
Rois nouvellement élus juroient folemnellement
d'obferver. Après l'Election du Duc d'Anjou pour
remplacer Sigismond Augufte fur le Trône de Pologne, les Ambaffadeurs de la République vinrent
le trouver en France, lui préfenterent fuivant l'u-

fage les *Pacta conventa* & lui demanderent d'en jurer l'obfervation. Admis à l'audience de ce Prince, un des Ambaffadeurs s'appercevant de la peine que faifoit au nouveau Roi celui des *Pacta conventa* qui regardoient les Diffidens, dit à Mont-
luc Evêque de Valence qui avoit été le Chef de
l'Ambaffade, que la France avoit envoyée en Pologne pour demander le Trône pour le Duc d'Anjou, *Si vous autres Ambaffadeurs n'euffiez pas accepté de la part du Prince les Pacta conventa en entier, il n'auroit pas été elu.* Le Roi voulut fa-
voir ce que difoit l'Ambaffadeur. *Je dis, Séréniffime Prince,* reprit l'Ambaffadeur avec vivacité,
*que fi vos Ambaffadeurs n'avoient pas en votre nom
accepté la Tolérance que nos loix accordent aux Diffidens en fait de Religion, notre oppofition vous auroit empêché d'être élu Roi, & même fi vous ne la
confirmez pas, vous ne vous affeirez jamais fur le
Trône de la Pologne.* Le Duc d'Anjou jura ce
qu'on exigeoit de lui & promit de tenir la main à
ce que perfonne ne fût opprimé en Pologne pour
caufe de Religion.

Les Diffidens jufqu'à la mort d'Augufte II. ont
joüi tranquillement, non-feulement de la plus
grande fûreté, tant pour leur perfonne que pour
leur bien, mais encore de l'égalité la plus parfai-
te. Après la mort de ce Prince arrivée en 1733,
on voulut réduire cette égalité; on priva les Diffidens de toute activité dans la Chambre des Nonces, dans les Tribunaux & dans les Commiffions:
on leur interdit toute efpece d'affemblée & de

conventicule, & ils furent déclarés incapables de
poſſéder à l'avenir aucune charge de la Pologne &
du Grand Duché de Lithuanie ni dans les Dietes
ni dans les Juriſdiċtions; il leur fut même défendu
de demander aucune proteċtion aux Puiſſances
voiſines & étrangeres par eux‑mêmes ni par leurs
Miniſtres, ſous peine d'encourir les peines por‑
tées par les loix contre les rebelles.

Cette conduite tout‑à‑fait contraire à celle
qu'on avoit tenue auparavant à l'égard des Diffi‑
dens, excita parmi eux un murmure général, ils
crierent à l'injuſtice & à la tyrannie; ils eurent
des partiſans qui écrivirent pour eux, qui deman‑
derent à quel titre des Gentils‑hommes étant élus
Nonces pour la Diete, pourroient être exclus étant
abſens, & cela par leurs freres, dans un pays de
liberté & ſurtout au mépris des anciens uſages
que les loix de ce même pays approuvoient; qu'il
étoit odieux, cruel & tyrannique de vouloir ôter
à des Gentils‑hommes les prérogatives de l'Ordre
Equeſtre & les réduire à la condition de ſimples
Roturiers en les privant des droits qu'ils tenoient
de leur naiſſance. Les réclamations vives des Diffi‑
dens, les clameurs de leurs partiſans, la juſtice
de leurs droits, tout fut mépriſé & ils reſterent
privés des honneurs des Citoyens. A la mort du
Roi Auguſte III., la Ruſſie ſe déclara pour eux
& par là les rendit criminels, puiſqu'ils violerent
la loi de l'Etat, qui leur défendoit d'avoir re‑
cours à la proteċtion d'aucune Puiſſance étran‑
gere.

Le but de la Ruffie n'étoit pas de faire rétablir dans fes anciens droits, le parti qu'elle pro-
tégeoit ; elle vouloit divifer la Nation Polonoife,
femer des troubles & former des factions politiques ; c'étoit un moyen d'acquérir & de s'affurer une grande influence dans les affaires de la République ; elle prévoyoit qu'on auroit recours à
fa médiation, & que par là elle fe rendroit maîtreffe abfolue de toutes les délibérations des Diétines, & même des Dietes. L'effet ne répondit
point aux vues de la Ruffie.   La protection ouverte & décidée qu'elle accorda aux Diffidens répandit l'allarme & réveilla le zele de la Nation
pour les prérogatives de la Religion dominante.
Les Evêques, les Sénateurs, les Nonces, c'eft-
à-dire les Députes des Provinces s'éleverent avec
fermeté contre cette oppofition.   Même le Roi
qui devoit fon élévation aux Ruffes, ne fe déclara
pas pour leurs protégés; mais portant toute fon
attention à calmer les efprits, il employa toutes fortes de moyens pour qu'on prît le parti de la modération: en même tems il déclara en pleine Diete, qu'il expoferoit fon Trône & fa vie pour défendre les prérogatives de la Religion nationale:
il ajouta, & on lui en a fait un crime depuis, *qu'on
devoit à la juftice d'examiner fur quel fondement les
Diffidens formoient leurs prétentions, & que c'étoit
même un égard dû aux Puiffances qui les protégeoient.*
Cela fe paffa après l'Audience que l'Ambaffadeur
de Ruffie avoit demandée & obtenue des Etats,

dans laquelle il avoit recommandé les prétentions des Diffidens. Le Miniftre du Roi de Pruffe avoit fait la même démarche.

Le Nonce du Pape crut qu'il étoit de fon devoir de paroître dans cette affaire ; fuivant lui, elle intéreffoit directement fon Miniftere, il demanda Audience & l'obtint ; fa harangue fut vive, elle échauffa le zele de la nation & tous les membres des Etats réfolurent de maintenir les prérogatives de la Religion de leurs Peres. On fuivit cependant l'avis du Roi, & avant que de décider du fort des Diffidens, on tint des conférences chez le Primat auxquelles les Miniftres furent appellés ; on y confulta l'ufage & les maximes des autres Etats qui dans la régie du Gouvernement admettent ceux qui profeffent la Religion dominante. Le réfultat de ces conférences fut qu'on offriroit aux Diffidens une Tolérance de culte auffi étendue qu'elle pourroit être compatible avec les Conftitutions fondamentales de la République, & on prit pour bafe du nouvel arrangement le traité de Weftphalie qui admet les trois Religions dans l'Empire.

Le Général Goltz étoit à la tête du parti des Diffidens, il en étoit le Chef, & les Ruffes le dirigeoient ouvertement ; il déclara que fans l'admiffion dans le Sénat, tout autre propofition feroit fuperflue ; alors les opinions fe ranimerent contre les Diffidens, & on réfolut de renouveller les peines portées par les anciennes Conftitutions.

Le terme de la Diete expira & les animosités subsisterent avec d'autant plus de force qu'elles avoient moins d'occasions de se manifecter.

On accuse les Polonois d'être superstitieux & fanatiques; mais la conduite qu'ils ont tenue à l'égard des Diffidens ne prouve pas qu'ils le font. Ils n'ont fait que ce que font les Gouvernemens les plus sages de l'Europe: les Anglois, les Hollandois, les Suédois, & cette partie de l'Allemagne, qui suivent la Confession d'Augsbourg admettent-ils dans le Conseil de la Nation des personnes qui professent la Religion Romaine. L'Impératrice de Russie n'exige-t-elle pas dans ses Ministres & dans son Sénat la profession du culte Grec? pourquoi voudroit-on exiger des Polonois ce que la Politique & un usage constant réprouvent dans les autres Gouvernemens? Comme les autres nations tolérantes, la Nation Polonoise à offert aux Diffidens une tolérance entiere, telle qu'elle est permise & autorisée par ses anciennes Constitutions, c'est-à-dire, telle qu'elle étoit avant le regne d'Auguste III. La conduite des Polonois dans cette occasion fut celle d'un Peuple sage qui faisoit pour les Diffidens tout ce qu'exigeoit l'humanité la plus bienfaisante. La Russie ne pensa pas de même, ou du moins feignit de ne pas en juger ainsi; elle n'avoit été ni partie contractante, ni partie accédante, dans le traité d'Oliva; cependant elle réclama en faveur des Diffidens le traité d'Oliva. Dans ce traité, le culte des trois Religions, la Luthérienne, la Calviniste & la Grecque y est stipulé

& autorifé dans la Pruffe Royale, foumife autrefois à l'Ordre Teutonique, & la Ruffie voulut que ce même traité eût fon effet pour tous les Diffidens établis dans toutes les autres parties de la République; d'ailleurs, en invoquant en faveur des Diffidens le traité d'Oliva, c'étoit précifément donner à leurs adverfaires un moyen plein de force de les combattre, puifque l'ufage a prévalu contre le droit légitime des Catholiques Romains, qui, quoiqu'appellés aux fonctions publiques par le traité, n'en excercent aucune. Les Diffidens qui leur font fupérieurs, les en ont toujours éloignés.

Si on réfléchit avec attention à la conduite des Ruffes dans l'affaire des Diffidens, on ne pourra s'empêcher de leur demander fur quel principe moraux & politiques ils fe font crus en droit d'impofer des Loix aux Polonois? comment ils ont acquis celui de s'ingérer dans l'adminiftration intérieure de la Pologne, & fi c'eft l'amour de l'humanité qui les a fait agir? Comment allier ce fentiment avec les effets funeftes qu'il a produits! Jamais l'amour de l'humanité ne portera à mettre le trouble & la défolation dans plus d'un million de familles; jamais les devoirs de l'humanité ne confifteront à protéger la plus petite partie d'une Nation qui n'eft pas opprimée, contre tout le refte de cette même nation qui, par amour pour fon culte, ne veut être gouvernée que par ceux qui la profeffent.

Si on juge les Ruffes d'après les principes de

la Politique, rien ne leur étoit plus contraire que la demande qu'ils faisoient de l'égalité pour les Diffidens; car cette égalité une fois établie, comme anciennement, il pourroit arriver qu'un Grec affuré du fecours de la Ruffie, fe mît au nombre des Candidats lors de la vacance du trône. Que ce Grec qui auroit occupé les grandes charges de l'Etat, eût des partifans & fût élu, & que par un principe de reconnoiffance, ou peut-être par un fentiment fanatique, il voulût alors établir en Pologne fa Religion, en la place de celle du pays, & enfuite fe rendre lui-même vaffal de la Ruffie, afin d'affurer à fa Religion un puiffant foutien. Jean-fans-terre, ne s'eft-il pas reconnu vaffal du Pontife de Rome?

Mes Lecteurs me permettront encore quelques réflexions: elles viennent naturellement à la fuite de ce que nous venons de dire. La légitimité des droits des Diffidens ne pouvoit pas même excufer la conduite des Ruffes; car toutes les prétentions de leurs protégés devoient ceffer d'être confidérées comme juftes dès moment que l'intérêt général de la nation paroiffoit demander leur anéantiffement: d'un autre côté, un Etat quel qu'il foit, ne peut jouir d'une véritable tranquillité, fi fes charges, fes amplois, fes dignités ne font pas uniquement poffédés par ceux de fes membres qui profeffent les Dogmes reçus par toute la nation. C'eft une maxime reçue en Politique que dans tous les pays il faut qu'il y ait une religion dominante & que les honneurs des ci-

toyens n'appartiennent qu'à ceux qui la profeffent ; car alors n'y ayant plus de rivalité entre les
différentes religions, il ne peut plus y avoir ni
trouble ni confufion dans l'Etat ; la jouïffance
entiere de la Tolérance & de tous les droits du
citoyen eft la feule chofe que peuvent raifonna-
blement exiger ceux qui ne fuivent pas fon culte;
& la feule chofe auffi que la faine politique du
gouvernement peut leur accorder. En Angleterre
un fimple foldat, un fimple commis de la Douane
profeffe la Religion Anglicane; mais un Presbi-
térien, un Anabaptifte, un Juif, un Catholique
Romain même, eft avec fécurité cultivateur,
commerçant ou manufacturier, il peut poffèder
des maifons, des terres, des vaiffeaux; il eft pro-
tégé, défendu par la loi comme l'Anglican; comme lui auffi il eft honoré & confidéré dans la
Société. C'eft ainfi que la Tolérance devient
utile à l'Etat fans jamais pouvoir lui être nui-
fible. Ce n'eft pas l'ambition des richeffes qui
fait les mauvais citoyens, mais celles des honneurs, des places & des dignités. Ce fut la
concurrence de Guife & de Colligny & non l'a-
mour de la religion qui fut le principe de
cette Ligue odieufe qui caufa tant de maux à la
France.

L'élévation du Comte Poniatouski au trône dont
nous parlerons dans la fuite, & la protection accordée aux Diffidens par les Ruffes dont nous venons de parler; enfin ces actes de violence qu'ils
éxecercerent, poufferent les Polonois à bout : ils

eueürent recours au remede que la loi permettoit d'employer; ils fe confédérerent.

Mais avant de parler de la Confédération qui fe forma en Pologne pour s'oppofer à l'entreprife des Ruffes, il nous paroît convenable d'expliquer ce qu'on doit entendre par Confédération. Une Confédération légale n'eft que la réunion de ceux qui ont part à la légiflation : on en diftingue trois efpeces, celles qui font formées en faveur du Roi, celles qui lui font contraires; enfin celles qui attaquent toute la République.

Lorsque tout l'Ordre Equeftre fe confédere & qu'il a le Roi à fa tête, l'affemblée de la Confédération differe peu du grand confeil de la nation; le Maréchal qu'elle a nommé y préfide, tous les Nonces y votent, ils ont le titre de confeillers & en rempliffent les fonctions jufqu'à la diffolution de la Confédération.

La Conftitution de 1609 autorife les Confédérations qui fe forment contre le Roi, lorfqu'il a enfreint les loix ou fes *pacta conventa*, ou fi encore il refufe d'écouter les remontrances des deux ordres de la République.

Les Confédérations contre toute la République font celles de l'armée : elle refufe alors d'obéir aux grands & aux petits Généraux, elle choifit un Maréchal & s'oblige à lui obéir en tout. Ces Confédérations font les plus dangereufes, furtout en tems de guerre. Celle de 1717 commit pour plus de 190 millions d'exactions.

Quand les Polonois fe font confédérés en dernier lieu; le motif de leur Confédération a été de secouer le joug que la Ruffie vouloit leur impofer. C'eft un héroïfme qui mérite certainement l'admiration; car braver la puiffance des Ruffes prête à les écraffer, avec les feuls reffources que la vertu & l'amour de la Patrie fuggerent, c'eft une réfolution qui mérite de grands éloges. Injuftement a-t-on traité les Polonois Confédérés de rebelles: on a plus fait encore, on leur a contefté le pouvoir de fe confédérer. Avancer une telle opinion, c'eft certainement avouer qu'on ne connoît ni le droit particulier de cette nation, ni fes loix ni fes coutumes. Les Polonois ne font-ils pas eux-mêmes leurs propres légiflateurs? ce feroit une chimere de vouloir contefter ce principe, & de ce principe ne s'enfuit-il pas qu'ils font en droit d'annuller & de détruire leurs propres loix? *Qui fait la loi peut la detruire*, eft un axiome reçu dans toutes les nations.

La Ruffie a ufé de violence pour faire faire aux Polonois des loix; ces loix manquoient du caractere de légitimité qu'elles doivent avoir dans un pays de liberté, & que le confentement libre du légiflateur peut feul leur donner. La liberté des Polonois n'étoit pas détruite, elle n'étoit qu'opprimée. La loi de la nature les autorifoit à fecouer le joug de l'oppreffion, & la loi de leur pays leur indiquoit le moyen légitime qu'ils pouvoient mettre en ufage; leurs peres s'en étoient fervi plufieurs fois, & jamais, lorfqu'ils s'étoient confédérés, on ne les avoit accufé du crime de rebellion.

Il y a plus, tout peuple qui s'éleve contre l'oppreſſion, qui prend le glaive contre ſes tyrans ne peut être taxé d'être rebelle. C'eſt une maxime dont, il eſt vrai, on pourroit abuſer, mais qui pour cela n'en eſt pas moins vraie. Car les hommes en ſe réuniſſant en ſociété, en ſe ſoumettant pour le bien général au pouvoir d'un ſeul ou de pluſieurs, n'ont jamais pu ſe dépouiller de la liberté qu'ils tenoient de la nature, ils ſe ſont ſoumis aux loix, mais jamais à aucun pouvoir étranger à la loi. Quand le Peuple Helvétique ſecoua le joug de la Maiſon d'Autriche, quand les habitans des Provinces-Unies refuſerent d'obéir au Roi d'Eſpagne, ni les uns ni les autres ne furent point taxé de rebellion: on ne vit en eux que des ſujets qui n'avoient plus de maître, & dont le maître en violant le pacte qu'il avoit fait, les avoit lui-même affranchis du ſerment d'obéiſſance qu'il avoit reçu d'eux. Il n'en fut pas de même des Ligueurs en France, qui ſe confédérerent pour chaſſer du trône leur légitime ſouverain: c'étoit de véritables rebelles, parce que le prince qu'ils refuſoient de reconnoître, n'étoit ni un mauvais prince ni un tyran, & le ſeul reproche qu'ils pouvoient lui faire, étoit de ne pas ſuivre le même culte qu'eux: ce qui n'étoit point contraire aux loix de l'Etat, tandis qu'eux ils les violoient en voulant appeller au trône un étranger qui n'y avoit aucun droit.

Cette digreſſion eſt étrangere à l'objet que nous traitons; mais elle pourra ſervir à détromper de l'illégitimité des Confédérations des Polonois, el-les feroient légitimes même contre leur roi, s'il violoit les loix, s'il n'obfervoit pas les *pacta conventa*, à plus forte raifon doit-elle l'être à l'égard des étrangers dont les Polonois ne font ni tributaires ni vaffaux. La qualification de rebelle fuppofe une relation, un rapport de celui qui a le droit & qui commande, à celui qui eft dans la fimple obligation de fe foumettre & d'obéir, & dans aucun tems les Ruffes n'ont eu lieu de parler aux Polonois dans les rapports du Souverain. *De qui tenez-vous & comment avez-vous acquis le pouvoir de nous commander, peuvent leur dire les Polonois? Nous avons été vos alliés, nous avons été vos ennemis, nous avons fait des traités avec vous ; ces traités ont terminé des guerres que nous vous avons faites & dans tous ces traités la République a traité d'égale à égale avec la · nation Ruffe & ce n'eft pas ainfi que les Souverains en agiffent avec leur fujets.*

Au refte ce font plutôt les partifans des Ruffes que les Ruffes eux-mêmes qui ont qualifié les Polonois de rebelles. L'Impératrice de Ruffie eft trop connue par fa fageffe, fa modération, fa juftice & fon humanité pour qu'on puiffe la foupçonner d'avoir même autorifé que fes fujets manquaffent aux égards dus à une nation refpeçtable par fon courage & qui jouït du privilege unique de choifir fes Rois; c'eft auffi à fon insçu que fes miniftres & fes généraux ont

fait effuyer à la Pologne des traitemens auffi injuftes que rigoureux. Il eft fi rare d'être jufte
quand on a la force pour foi, fi peu ordinaire
d'être humain, quand on fait la guerre, qu'il
n'eft pas étonnant que la Pologne ait vu ravager fes temples mêmes, fouillés & pillés par les
Ruffes.

A la mort d'Augufte III les Ruffes avoient donné l'exclufion à tout candidat étranger, & fixé le
choix que la nation devoit faire fur un piaft, c'eft
à-dire un national: ce fut une atteinte portée aux
prérogatives de la liberté d'indépendance dont a
toujours jouï la Nation Polonoife depuis qu'elle a
détruit chez elle l'hérédité du trône. Elle a trouvé fouvent des Rois magnanimes dans les nations
étrangeres & qui ont fait fon bonheur; elle en a
trouvé dans fon fein qui ont également illuftré fes
annales, mais aucune Puiffance ne s'étoit encore
cru en droit de prefcrire aux Polonois fur cet objet, la regle de leurs réfolutions. Les recommen-
dations, les negociations, les difcuffions amicales
ont toujours été & feront toujours les refforts ad-
miffibles dans le tems d'un interregne. Les Ruffes font les feuls qui ont violé ces ufages, que
toutes les autres nations avoient toujours refpectés. Les Ruffes, au mépris du Droit national
d'un peuple dont ils fe difoient les amis, ont envoyé un Ambaffadeur avec une armée pour négo-
cier. La nation a vainement réclamé contre cette conduite violente, elle a infifté fur l'évacuation
des troupes étrangeres. Les Ruffes ont étouffé

toutes ces réclamations & ont déterminé despo-
tiquement dans les Provinces comme dans la Capitale, l'objet des feules délibérations auxquelles
on devoit fe conformer. Ils ont fait plus encore,
ils ont profcrit ceux qui leur déplaifoient. Le
prince Radzivil le plus puiffant de l'Etat en a fait
la trifte expérience. Poffeffeur d'un grand territoire, jouiffant de 2,000,000 de revenu, pouvant
mettre fur pied une armée de 20000 hommes, il
a été obligé de fuir : fes châteaux ont été pillés :
fon argenterie a été enlevée : une très belle Bibliotheque qu'il poffédoit a été transportée en Ruffie.
Il eft préfentement en Allemagne. La Ruffie lui
a fait propofer il n'y a pas longtems, de lui rendre
tous fes biens, fon argenterie & même jufqu'à fa
Bibliotheque, s'il vouloit revenir dans fes terres
& fe reconnoître fon vaffal. La réponfe qu'il a .
faite à cette difpofition, auroit été celle d'un de
ces héros de l'ancienne Rome. *Je fuis né libre*, a
t-il dit, *mes ancettres l'ont toujours été*, *& je veux
mourir libre*. Ces ancêtres avoient en quelque façon prévu l'état malheureux où il fe trouve aujourd'hui. Douze Apotres d'or maffif d'un pied &
demi chacun de haut qu'ils avoient fait fabriquer &
qui étoient dépofés dans l'églife de Dicvich, l'u-
ne de leurs terres, & que le Doyen de cette Eglife étoit obligé de repréfenter tous les ans au prince régnant de Radzivil ; voilà la feule reffource
qui lui refte. Auffitôt que le Prince de Radzivil a vu
la guerre s'allumer dans fon pays & les Ruffes y
donner des loix, il prévit qu'il ne tarderoit pas lui-

même à éprouver de leur part les plus grandes injustices; il fit donc transporter secrétement à Munich ses douze Apôtres où il les a mis en dépôt. Quatre seulement ont été fondus jusqu'à présent : il lui
en reste encore huit qui auront le même sort. Cinquante Gentils-hommes Polonois qui se font expa-
triés volontairement pour le suivre, trouvent en lui
un ami généreux qui fournit abondamment à leur
entretien & à leur subsistance.

Quand les Russes eurent affermi leur pouvoir
par la terreur, ils firent procéder à l'élection du
seul Candidat qu'ils avoient proposé. Le Comte
Stanislas Poniatousky, grand Panetier de Lithuanie fut élu : il pouvoit prétendre au trône, mais
il n'a dû son élevation qu'aux procédés violents
des Russes; il auroit été plus flateur pour lui de
ne tenir son sceptre que du suffrage libre de ses
compatriotes. Je ne dissimulerai pas que cette
acte de violence de Russes auroit pu cependant
être salutaire à la Pologne. Le Comte Poniatouski réunissoit l'estime & les éloges de ses conci-
toyens, il étoit distingué par son zèle, par ses lu-
mieres, par les qualités qui caractérisent le bon Patriote, & par les vertus qui font les bons Rois.
Elevé sur le trône, il ne s'occupa que du bonheur
de sa nation. Les abus extirpés par ses soins, de
l'administration de la justice; l'ordre & l'œcono-
mie rétablie dans les finances; des projets utiles;
les talens & les arts encouragés ne laissoient entrevoir à la Pologne qu'un avenir heureux, & les
Russes auroient certainement mérité la reconnois-

fance de la nation, fi leurs opérations avoient été fuggérées par des motifs qui euffent des rapports à la gloire & à l'avantage de la République; mais leur intérêt particulier les avoit feul guidé.

Cet intérêt demandoit que la Pologne eût un Roi ifolé, expofé à la jaloufie de fa nation, que le befoin de foutien mît dans la dépendance abfolue des Ruffes; que ce Roi n'eût aucune exiftence politique avec les autres Cours de l'Europe, afin qu'il ne pût avoir d'autres impreffions que celles que les Ruffes voudroient lui donner. En fe rappellant ce que nous avons dit au commencement de cet ouvrage, on connoîtra aifément de quelle importance il étoit pour la politique Ruffe que les Polonois n'élevaffent pas fur le trône, un Prince de la maifon de Saxe ni même un Membre puiffant de la République.

Les Ruffes avoient cependant déguifé leurs véritables fentiments: les expreffions les plus flatteufes & les plus avantageufes avoient trompé jufqu'au Roi-même; la jaloufie feule, toujours irritée par le mauvais fuccès de fes tentatives, & les funeftes penchants qui portent quelquefois les hommes à ne prendre aucune part aux intéréts publics, n'avoient pu produire que quelques foibles murmures contre l'élevation du Comte de Poniatousky. Plus injuftes enfuite à fon égard, on le rendit refponfable de la conduite des Ruffes, aulieu de le plaindre de la trifte néceffité, où il s'étoit trouvé d'avoir befoin de leur foutien pour fe maintenir fur le trône, d'où la jaloufie intéres-

reffée de fes compatriotes vouloit le faire defcendre.

Une prétendue illégalité qu'on allégua contre
fon élection fut le prétexte dont on fe fervit pour
donner quelques apparences de juftice à cette entreprife. La préfence des Ruffes, on ne peut le
nier, donnera toujours une apparence de contrainte
à fon élection. Auffi les Confédérés l'ont-il fait valoir dans leur Manifefte. Une autre raifon qu'il
y ont auffi fait valoir, a été l'oppofition des Palatinats de Lublin & de Czerniechovie. Suivant les
Conftitutions de Pologne, l'unanimité eft néceffaire
pour rendre une élection légitime; mais cette unanimité eft-elle poffible dans une République, où
l'intérêt perfonnel, la haine, la jaloufie forment
des tourbillons orageux que la liberté même femble autorifer en même tems qu'elle les rend prefque inévitables d'ailleurs. De toutes les élections qui
ont précédé celle du comte Poniatousky, quelle
eft celle où les fuffragss aient été plus unanimes
& moins compliqués? mais ce qui feul fuffiroit
pour anéantir l'illégalité prétendue de cette élection, c'eft que tous les chefs des mécontens fe
font foumis & en ont reconnu la légitimité: elle
a été reconnue de même par toutes les Puiffances
de l'Europe. Nous rapporterons ici ce qui eft arrivé lors de l'élection d'Uladiflas VII. Un feul
Gentilhomme s'oppofa à l'élevation de ce Prince
au trône. Qu'avez-vous à lui reprocher, lui de-
manda-t-on? rien; mais je ne veux pas qu'il foit
Roi. Après quelques heures, il fe défifta de fon

oppofition & Uladiflas fut élu. Quel étoit le motif de votre oppofition, demanda le nouveau Roi
au Gentil-homme oppofant? De voir, répondit-il,
fi notre liberté fubfiftoit encore: je fuis content
& vous n'aurez pas de meilleur fujet que moi.

Les Polonois fe font élevés & avec bien plus
de raifon contre la conduite que les Ruffes ont tenue à l'égard de la Courlande. Ce pays tient à la
Livonie, il a toujours été Vaffal de la Pologne &
les Ruffes y ont exercé les Droits Souverains qui
ne peuvent émaner que du Roi & de la République de Pologne. Le Séréniffime Prince de Saxe y
régnoit, il avoit reçu fous le regne de fon Pere
l'inveftiture la plus authentique & la plus folemnelle. Ce ne fut pas un titre pour arrêter les Ruffes: ils méconnurent celui que donne une poffeffion
non conteftée: ils oublierent que ce Prince étoit
allié à toutes les grandes Puiffances de l'Europe,
ils eurent à fon égard, les procédés les plus violents. On m'a affuré que les Ruffes avoient empêché l'introduction des vivres pour fa table; qu'ils
avoient pofté des fentinelles à la fontaine où on
venoit puifer de l'eau pour fon ufage; ils vouloient un autre Duc de Courlande; que ce Duc
fût à leur dévotion, & pour cela qu'il leur dût fon
élévation, furtout qu'il ne pût prétendre à la
Couronne de Pologne & que les Polonois eux-mémes ne puffent jamais le choifir. Un fimple particulier nomme Erneft Byren fut celui fur lequel
ils jetterent les yeux. Les Courlandois lui avoient
même refufé l'indigénat; mais ce qui eft encore

plus furprenant, c'eft que ce même Byren avoit été condamné par les Ruffes eux-mêmes avec le Chancelier Ofterman fon complice à mourir fur un échaffaud pour crime d'Etat au commencement du regne de l'Impératrice Elifabeth. Cet Erneft Byren avoit été admis au fervice de la princeffe Anne, mariée au Duc de Courlande de la Maifon de Kelter. Cette Princeffe, fille de Pierre le Grand monta fur le trône de Ruffie après la mort de l'Impératrice Cathérine. Sous fon regne Byren parvint à un tel degré de faveur, qu'il fut nommé régent de l'Empire pendant la minorité du jeune Czar neveu de Catherine, & obtint l'inveftiture du Duché de Courlande, devenu vacant par l'extinction de la famille des Kelter. Toute cette grandeur s'évanouit avec l'élevation de l'Impératrice Elifabeth au trône, il fut même accufé d'avoir confpiré avec le Chancelier Ofterman: l'impératrice lui fit grace de la vie & Byren fut envoyé avec toute fa famille à Saveflau en Sibérie.

Lorfqu'il avoit été invefti du Duché de Courlande, la Nobleffe Courlandoife avoit refufé de le reconnoître; les Etats mêmes l'avoient déclaré mort civilement, ils avoient demandé un nouveau Duc, à la recommendation de la·Ruffie. La République de Pologne nomma le prince Charles de Saxe: il fut invefti par la République & reconnu par les états de la Courlande. La Cour de Ruffie voulut enfuite détruire fon propre ouvrage, elle fe déclara contre le prince Charles & contre les vœux des Courlandois, & les Droits inconteftables des Polonois. Ses troupes firent recevoir Byren, mais elles ne purent anéantir la légitimité des droits de la Pologne & les réclamations que les Courlandois firent des leurs.

Lorfque la Ruffie s'étoit déclarée pour les Diffidents, comme nous l'avons dit plus haut, elle n'avoit pas cru qu'elle trouveroit dans un Roi qui lui devoit fa couronne, une oppofition marquée à fes volontés; auffi les Miniftres Ruffes firent-ils à ce prince un crime d'avoir opiné fuivant les defirs de fa Nation, d'avoir moins confulté fa reconnoiffance que ce qu'il devoit à fa patrie, enfin d'avoir plus refpecté les Loix de la nation que les leurs. La pofition de Staniflas Augufte étoit douloureufe: d'un côté il fe voyoit accufé d'ingratitude par les Ruffes, & par fes compatriotes d'avoir facrifié à fon ambition, la liberté de fa Nation. Les uns ne voyoient en lui qu'un efclave couronné de la Cour de Ruffie; les autres qu'un prince foible qui n'avoit pas le courage de profiter de l'occafion favorable qui lui étoit offerte de fecouer le joug de la Conftitution de fon pays. Il auroit été dangereux pour la politique Ruffe d'employer la force pour l'en punir; vouloir ouvertement faire cheoir du trône un prince qu'ils y avoient placé, ç'auroit été étouffer toute efpece d'animofité; ç'auroit été ôter aux partis oppofés au Roi, tout prétexte de le haïr, tout motif de fe liguer contre lui. Nourrir la jaloufie de fes rivaux, faire fermenter dans leurs cœurs le fentiment de l'envie, augmenter s'il étoit poffible la méfiance dans tous les esprits, parut aux Russes le moyen le plus sûr pour se venger du Roi & pour entretenir parmi les sujets de la République, la division, le trouble & la confusion. Pour cela une Déclaration de la Cour de Russie fut répandue ; on sembloit y reconnoître la justice des allarmes que la Nation Polonoise avoit conçue de l'élevation du Roi: on y justifioit les motifs qui avoit fait agir lors de l'élection. La prospérité de l'état étoit présentée comme la seule chose que les Russes avoient envisagée dans les moyens de force qu'ils avoient employés pour la diriger: on y avouoit même qu'on s'étoit trompé dans le choix, & que l'esprit de domination qui commençoit à se manifester dans le Roi & dans sa famille, faisoit regretter la préférence·qu'on lui avoit donnée. Le danger d'une oppression générale de tous les ordres étoit présenté comme très prochain & comme une très urgente nécessité de se prémunir contre les premieres tantatives d'une ambition visible trop prématurée, & dès la même plus inconséquente. Pour en prévenir les suites, on offroit une protection ouverte & déclarée ; le Comte Panin, Ministre de la Russie auprès de la République, écrivit en même tems une Lettre circulaire qui contenoit les mêmes réflexions, les mêmes exhortations que la Déclaration. L'effet de cet écrit répandu avec profusion, fut d'exciter une fermentation générale. La Noblesse Polonoise ne vit point le piege, elle étoit jalouse, elle devint plus méfiante, & crut entrevoir des véri-

tés dans les allégations de la Ruffie. Le penchant
à l'envie que la Nobleffe Polonoife a naturellement contre celui de fon corps qui occupe le trône, & le goût pour le défordre qui en eft la fuite,
fomenta parmi elle la divifion, & réveilla dans
tous ceux qui pouvoient prétendre au trône, le defir de voir un nouvel interregne. Tous les Pala-
latinats ne tarderent pas à fe confédérer contre
ce même Prince qu'on avoit reconnu pour Roi légitime, auquel on avoit obéi & . qu'on avoit vu
dans la diette précédente offrir fa vie & fon trône
pour le foutien des prérogatives de fa Nation. Tel
eft le fort d'un Roi de Pologne : la vertu la plus émi-
nente; les qualités les plus fublimes qui font les
grands & les bons Rois, ne font pas des titres fuf-
fifants pour l'affermir fur le trône où le choix libre même de la Nation la placé. L'envie & la
jaloufie qui fe liguent contre lui, abufant du privilege que leur donne la loi, d'employer la force
contre la tyrannie, ne s'en fervent fouvent que
pour leurs intérèts perfonnels. Le premier article
de l'affociation qui fe forma contre Staniflas Augufte fut fon détrônement. Les Ruffes qui l'a-
voient infinué & même autorifé par leur Déclaration, en avoient par là rendu le fuccès plus que
probable.

Mais le deffein des Ruffes n'étoit pas de détrôner le Roi; ils vouloient que chancelant fur fon
trône, il eût befoin de leur puiffance pour s'y
maintenir; par là ils vouloient détruire toute efpece d'harmonie entre la République & fon Chef,

empêcher qu'il n'y eût aucune union entre les membres de l'état : ils les avoient défunis en paroiffant favorifer les prétentions des Diffidents, mais ils affuroient leur désunion en banniffant de leur cœur toute efpece de confiance pour leur Roi. Ce Prince, fans être épouvanté du danger dont il étoit menacé, fe vit forcé malgré lui de promettre aux Ruffes plus de complaifance pour leurs volontés, & même de favorifer les Diffidents. La néceffité de fa propre confervation, & le peu de confiance qu'il devoit avoir dans fa Nation qu'il voyoit unie pour fa ruine, le réduifoit à cette trifte néceffité, & quoique fon cœur y répugnât, il falloit néceffairement ou qu'il confentît à defcendre du trône, ou qu'il achetât de la Ruffie les moyens de s'y conferver.

Pour augmenter le trouble & la confufion dans la République, les Ruffes inciterent auffi les Disfidents à fe confédérer. Ils le firent dans les Villes de Thorn & de Szlufck. Cette démarche étoit tout-à-fait illégale; la Loi qui le permet au Polonois de la religion romaine, le défend à ceux qui ne la profeffent pas. Les Diffidents ne forment aucun Corps repréfentatif dans l'Etat & n'ayant aucune part à la légiflation, ils font foumis aux loix & ces loix leur interdifent toute efpece de Confédération, fous peine d'être traités comme rebelles. Les Diffidens ne l'ignoroient pas, mais ils étoient foutenu par un Corps de Ruffes armés qui leur donnoit plus de confiance que la loi ne leur infpiroit de terreur. Il eft vrai cependant que contents de cette démarche, les Diffidens s'en tinrent à cet acte qu'ils qualifierent d'acte défensif & éviterent même toute efpece de démarche qui pût lui donner le caractere d'un acte offenfif.

Les Confédérations qui s'étoient formées dans les différents Palatinats produifirent plus d'effet que celles des Diffidents; on y prit la réfolution unanime de fe réunir & de ne compofer qu'une feule & même Confédération. Radom, petite ville du Palatinat de Sandomir, peu éloignée de la Viftule, fut indiquée pour y tenir l'affemblée générale de tous les Maréchaux des différentes Confédérations. (Car chacune d'elle avoit le fien particulier.) Ces Maréchaux réunis devoient commencer leur opération par l'élection d'un Maréchal Général, dignité qui réunit la même étendue de pouvoir que celle de dictateur chez les Romains. La Ruffie paroiffant approuver la Confédération, vouloit en diriger tous les mouvemens. Il lui importoit donc beaucoup que celui qu'on choifiroit pour Maréchal fût dévoué à toutes les impreffions qu'elle voudroit lui donner. Les Ruffes jetterent les yeux fur le Prince de Radzivil, le même qu'ils avoient profcrit, qui étoit fugitif & expatrié. Pour lui faire oublier le paffé & pour fe l'attacher, les Ruffes lui firent offrir de le rétablir dans fes dignités & la reftitution de fes biens; mais avec la condition qu'il accepteroit la place de Maréchal Général de la Confédération Générale qui alloit fe former à Radom, & qu'il

auto-

autoriferoit en cette qualité tous les projets qui lui feroient recommandés par les Ruffes.

Une propofition auffi indéfinie fufpendit pendant quelques moments, la réfolution du Prince Radziwil; mais comme il eft de ces hommes qui ne peuvent préfumer dans les autres la fauffeté dont ils font eux-mémes incapables, il s'imagina que l'intention des Ruffes n'étoit autre que de détrôner le Roi. Le Prince Radziwil étoit fort attaché aux loix, & penfoit que l'élection de Staniflas Augufte avoit été inconftitutionelle. Se fiant donc à la bonne foi des Ruffes il fe rendit à leur follicitation. Le Prince Repnin étoit pour lors leur Ambaffadeur à Varfovie depuis la mort du Comte de Kayferling. Le Prince Repnin uniffoit à beaucoup de génie & de grandes qualités, un caractere vif & impérieux, il commandoit aux troupes de fa Souveraine & croyoit, ayant la puiffance de tout entreprendre, avoir le droit de tout faire. Auffitôt qu'il fut informé du retour du Prince de Radziwil, il lui envoya un Colonel Ruffe qui fous prétexte de lui fervir d'escorte étoit auprès de lui un Argus vigilant qui s'introduifoit jufques dans les entretiens fecrets du Prince & qui même ne lui permettoit de communication qu'avec ceux qu'il favoit n'être pas fufpects à la Ruffie. Pendant que le Prince étoit en route, il fut élu Maréchal de la Confédération dans un diftrict de Podlachie. Cette précaution étoit néceffaire; les Ruffes l'avoit préparée afin que le Prince pût être admis à l'affemblée de

Radom qui n'étoit compofée, comme nous l'avons dit, que des Maréchaux des Confédérations particulieres. Le Prince trouva en arrivant des meubles, de la vaiffelle & de l'argent que l'Ambaffadeur avoit eu foin de lui procurer pour le mettre en état de foutenir fa nouvelle dignité & en même tems auffi pour, par cette attention, l'attacher d'autant plus aux intérêts de la Ruffie. L'élection fe fit & le Prince Radziwil fut élu Maréchal général de la Confédération, & par là revêtu du pouvoir du commandement fur toute la Nation.

Auffitôt après l'élection du Prince, l'affemblée examina les objets dont la Confédération devoit principalement s'occuper. Celui du détrônement du Roi réunit tous les fuffrages, & perfonne ne doutoit de la réuffite de ce projet, parce que tout le monde étoit perfuadé qu'il feroit approuvé & favorifé par les Ruffes. Mais la furprife fut générale, quand on les vit impofer fur ce point le filence le plus abfolu & exiger qu'on foufcrivît aveuglément à toutes leurs demandes. La premiere que firent les Ruffes fut la convocation d'une Diete extraordinaire qui fît droit fur les griefs des Diffidents, que toute la Confédération regardoit comme des rebelles depuis qu'ils s'étoient confédérés. La feconde, que la Nation Confédérée envoyât une Ambaffade folemnelle à fa Majefté Impériale de toutes les Ruffies pour la remercier de fes foins vraiment paternels, & pour implorer la continuation de fes bons offices & de fon autorité pendant les troubles qui menaçoient la République. Tout autre objet de délibération fut interdit à l'affemblée à laquelle on ne voulut pas même permettre de motiver librement les inftructions des Ambaffadeurs qu'on demandoit qu'elle envoyât.

Ces procédés violents ouvrirent les yeux aux Confédérés; ils furent confus de n'avoir pas vu le piege dans lequel ils étoient tombés ; le plus grand nombre voulu fe retirer; mais le lieu de l'affemblée étoit invefti de toute part par des Soldats ; & des batteries même de Canon placées à toutes les iffues, ôtoient tout moyen de fuir & ne laiffoient d'autre parti à prendre que celui de l'acceptation des demandes faites par la Ruffie , en conféquence defquelles le Roi fut obligé de convoquer une Diete extraordinaire.

L'affemblée des Diétines précede celle de la Diete : on y délibere comme dans les grandes Dietes fur les affaires les plus importantes au milieu du trouble le plus affreux; les haines, les animofités, les emportemens y paroiffent dans toute leur force: les intérêts particuliers y font cachés par le voile fpécieux de l'intérêt public. Si on eft affemblé pour la Patrie, on n'agit que pour fon ambition, fa vanité ou fon orgueil; les Diétines finiffent affez ordinairement comme les grandes Diettes: on fe fépare fans rien conclure.

On diftingue en Pologne trois fortes de Diétines, toutes compofées de la Nobleffe des Palatinats, à la tête de laquelle font les Palatins. Ce font des efpeces d'Etats provinciaux & chaque province a la sienne. Celle qui précede la grande Diete se nomme *ante comitates*: on y choisit les Nonces qui doivent assister à la Diete: on leur y donne les instructions convenables, tant pour le bien particulier du district, que pour le bien général de l'Etat. Celle qui suit la Diete & qu'on nomme *post comitates* est composée comme la premiere. Les Nonces y rendent compte de tout ce qui s'est passé à la Diete, & des loix qu'on y a faites; la Diétine délibere sur les moyens de les faire exécuter. La troisieme espece de Diétine est celle où l'on choisi les membres du Parlement qui en Pologne est un tribunal suprême qui administre la justice en dernier ressort.

Avant de parler de ce qui s'est passé dans les Diétines qui ont précédé la Diete générale de 1767, nous nous permettrons quelques réflexions sur la maniere dont se tiennent en Pologne les Diétines. Ces réflexions pourront jetter quelque jour sur ce qui s'est passé dans ce royaume.

Un seul membre des Diétines peut en rendre l'assemblée inutile: les loix de l'Etat veulent que tout s'y décide, *nemine contradicente*. De-là le droit qu'a chacun de ceux qui composent une Diétine de la dissoudre, il suffit pour cela qu'il prononce ces mots *sisto activitatem*, de même qu'il rend nulles toutes ses délibérations par le *liberum veto*; mais la dissolution d'une Diétine avant la nomination des Nonces n'empêche pas la tenue de la Diete générale, qu'elle n'ait tout son effet & que les loix qu'elle fait n'aient toutes leurs for-

ces; tant pour les membres qui ont été repréfentés dans la Diete, que pour ceux qui ne l'ont pas
été: ce qui nous paroît tout-à-fait contraire à
cette liberté fi chere aux Polonois; car il eft de l'effence de toute efpece de liberté nationale des pays
qui ne font pas foumis au pouvoir monarchique, que
ceux qui jouïffent de cette même liberté ne foient
foumis qu'aux feules loix qu'ils font eux-mêmes ou
que font leurs repréfentans. Ainfi nous penfons que
l'abfence des Nonces d'un Palatinat devroit empêcher la tenue d'une Diete générale, ou la rendre
tout au moins de nul effet pour le Palatinat qui
n'auroit pas été repréfenté: car pour lui les loix
de la Diete font incomplettes.

On remédieroit, ce me femble, à cette incon-
féquence fi on empêchoit l'effet du *fifto activitatem* jufqu'à ce que l'élection des Nonces fût entiérement terminée. Mais l'ufage de ce *fifto activitatem* eft encore plus inconféquent dans les Diétines *poft comitates* où il ne doit être queftion que
d'entendre le rapport des Nonces. Car fi de ce
rapport dépend la connoiffance des loix faites
dans la Diete, comment fi la Diétine eft rompue
avant que ce rapport foit fait, ceux qui compofent cette Diétine pourront-ils être obligés d'o-
béir à des loix qu'ils ne connoîtront pas.

On ne doit pas préfumer que le *fifto activitatem*
ait été établi chez les Polonois pour nuire à la liberté du Citoyen, & cependant il eft conftant
que l'ufage qu'on en fait dans les Diétines eft
deftructeur de fa liberté, foit qu'il l'empêche

d'avoir part à la loi, foit qu'il le prive de la connoiſſance de la loi, ce qui n'arriveroit pas ſi le *ſiſto activitatem* n'avoit d'effet que lorſque la Diétine, loin de s'occuper de l'objet principal de la convocation, ou du bien public n'agiroit que pour lui nuire, ou travailleroit au renverſement de la Conſtitution nationale. D'ailleurs l'élection des Nonces ſe faiſant à la pluralité des ſuffrages, ne doit être ſujette à aucune contradiction. Dans cette occaſion, le pouvoir de Maréchal de la Diétine devroit être le même que celui du Maréchal de la grande Diete, qui peut empécher qu'elle ne prenne fin preſque auſſitôt qu'elle eſt commencée.

Nous nous permettrons encore une réflexion ſur les Dietes générales, c'eſt qu'il eſt abſurde qu'en Pologne rien ne puiſſe ſe décider dans ces Dietes que du conſentement unanime de tous leurs membres, & qu'un ſeul de ces mêmes membres ait le droit de les diſſoudre, tous les autres membres, c'eſt-à-dire toute la République s'oppoſant à cette diſſolution.

Le droit du *liberum veto* dont les Polonois tirent tant de vanité, qu'ils regardent comme le conſervateur de leur liberté, eſt un droit abuſif, puiſqu'il peut empêcher l'effet d'une délibération utile à l'Etat. Il me paroît contraire à la raiſon de laiſſer au Gentil-homme le droit excluſif de juger ſeul du degré d'utilité que peut avoir cette délibération, ou du mal qui peut en réſulter.

Qu'un Gentil-homme Polonois contredife dans l'affemblée de la Diete un projet équivoque dont les fuites lui paroïffent devoir être funeftes pour la République, qu'il faffe alors ufage du *liberum veto*, il fera un très grand bien; mais que par caprice, fouvent même par intérêt, quelquefois feulement par humeur, il s'oppofe feul à une opinion approuvée par le Corps Général de l'Etat, & qu'en prononçant le fatal *veto* il annulle une délibération fage que la République devroit feule avoir le droit d'annuller, c'eft fuivant tout principe, agir en rebelle, puifqu'il s'arroge un pouvoir qui ne peut appartenir qu'au Corps entier de l'Etat.

Le *liberum veto* a fouvent des fuites funeftes, car s'il arrive que celui qui en fait ufage foit un Gentil-homme ignorant ou méchant, qui par malice ou faute de lumiere, s'oppofe à une délibération prête à éclore, alors on ne cherche point à le ramener par la douceur, mais on l'accable de mépris & quelquefois auffi on l'infulte. Si le hazard fait qu'il reconnoiffe qu'il s'eft trompé, comme fon amour propre eft irrité par les infultes qu'il a reçues, il devient opiniâtre : c'eft alors qu'on fait ufage du Sabre pour le faire défifter de fon oppofition.

Un autre abus encore très grand des Diétines, c'eft d'y connoître des caufes des particuliers.

Les feuls tribunaux où fe rend la juftice devroient en prendre connoiffance. Les Diétines s'en arrogeant le droit & l'exerçant, négligent les affaires publiques & le tems qui devroit y être employé est tout-à-fait pour les affaires particulieres.

Les Russes, comme nous l'avons dit plus naut, avoient exigé que le Roi assemblât une Diete extraordinaire, & que la République envoyât une Ambassade à leur Souveraine pour lui .demander la continuation de ses soins pour l'établissement de la tranquillité publique. Ces Ambassadeurs partirent & porterent au pied du trône de l'Impératrice de Russie, non les vœux libres de leur Nation, mais ceux qu'on lui avoit, pour ainsi dire, extorqués dans l'assemblée de Radom. La Cour de Russie s'en fit un titre pour diriger par la violence tous les mouvemens des assemblées des Diétines convoquées pour la nomination des Nonces qui devoient assister à la Diete générale.

A l'ouverture de ces Diétines, les Russes se trouverent en armes dans tous les lieux désignés pour les élections: ils ne mirent en usage ni les félicitations ni l'intrigue, mais ils y présenterent des Lettres de jussion de leur Souveraine & nommerent les Nonces qu'ils voulurent avoir & donnerent leurs instructions. Cette nomination forcée ne se fit pas sans contradiction; les murmures se firent entendre de toute part; mais leurs expressions étoient sourdes parce quelles étoient étouffées par la terreur. La Bayonnette & le Canon des Russes l'inspiroit; les lieux où se tenoient les assemblées étoient entourés de Soldats, & le Canon pointé contre ceux qui délibéroient, les forçoit à la foumiffon. Ceux qui en manquerent, en furent punis, ils furent enlevés; entre autres le Comte de Cratilly, grand Echanfon du Royaume; la fermeté de fon zele & fon affection aux prérogatives de fa Patrie, le rendirent coupable aux yeux des Ruffes qui lui ont fait effuyer depuis toute la rigueur d'une dure captivité.

Une telle violence put intimider, mais n'étouffa pas dans le cœur des Polonois le cri intérieur de la liberté. S'il ne pouvoit fe faire entendre à l'extérieur; il les foutenoit du moins, & l'efpérance qu'ils avoient tous dans l'équité naturelle de l'Impératrice, leur faifoit fupporter avec une efpece de patience les injuftices que fes Miniftres exerçoient contre la République. Aucune de ces Diétines ne furent exceptées de l'oppreffion: elle fut la même dans toute la Pologne, & dans toute la Lithuanie: on n'y choifit pour Nonces que ceux qui s'étant rendus aux Ruffes, leur étoient entiérement dévoués. Les bons Citoyens gémiffoient en fecret; une feule chofe les foutenoit contre le défefpoir, c'étoit la certitude qu'ils avoient que toutes les délibérations que la Diete prendroit, n'ayant point le caractere de liberté qui feul pourroit les rendre valides, feroient par la fuite regardées comme nulles.

Avant de parler de la Diete extraordinaire qui fe tint à Varfovie en 1767, qui s'ouvrit le 5. Octobre de cette année & finit le 4. Mars de l'année fuivante, il nous paroît convenable de donner à nos lecteurs une idée générale des Dietes de Pologne.

Les Affemblées générales des Etats de la Pologne, font de plufieurs efpeces: les unes fe nomment *Seym*, ce font celles qui fe tiennent tous les deux ans; les autres font convoquées extraordinarement dans le cas d'une néceffité extrême. Les Dietes de convocation, d'élection & du couronnement ont lieu dans les interregnes; les Dietes de pacification terminent les Confédérations & rétabliffent la paix dans l'intérieur.

Anciennement la convocation des Dietes ordinaires dépendoit uniquement de la volonté du Roi; aujourd'hui il eft obligé de les affembler tous les deux ans: elles commencent le lundi après la Saint Barthelemi & durent fix femaines: on en tient deux fucceffivement à Varfovie & la troifieme à Grodno dans la Lithuanie. L'affemblée de ces Dietes, comme celle de toutes les autres, eft précédée par celle des Diétines, qui font convoquées fix femaines avant l'ouverture de la Diete; & l'ouverture des Diétines fe fait le même jour dans tout le Royaume, c'eft-à-dire le lundi après la Sainte Marguerite. Trois femaines après la diffolution de la Diétine, les Nonces doivent fe rendre à l'affemblée générale de la grande Diete.

Les Dietes extraordinaires fe tiennent avec moins de folemnités que les Dietes ordinaires, mais de la même maniere. Le Roi pour les convoquer ne prend pas l'avis des Sénateurs, & les Diétines ne les précedent que de trois femaines ; on n'y lit pas les *pacta conventa*; on n'y traite que des objets propofés par le Roi, & elles finiffent ordinairement au bout de 15 jours.

Nous ne parlerons pas des autres Dietes qui n'ont aucun rapport à l'objet que nous traitons, mais nous penfons d'avoir donné à nos lecteurs une idée de la maniere dont fe tiennent ces grands confeils d'une nation libre.

Le tumulte & la confufion y regnent au point, que ce qui s'y fait eft plutôt l'effet du hazard, que du raifonnement, de la politique & du patriotifme. *Une nation affemblée*, avons nous dit dans un autre ouvrage, *pour délibérer fur les affaires de la plus grande importance, devroit former un fpectacle impofant, avoir un air de majefté, qni naturellement devroit infpirer du refpect à ceux-mêmes qui la compofent. Au lieu de cela une Diete en Pologne n'eft qu'un affemblage confus dont les différents intérêts fe choquent fans ceffe, la confufion y regne toujours, & très fouvent c'eft un champ de bataille où l'on s'égorge avec une fureur qui tient de la barbarie. Chacun veut opiner le premier, & croit toujours en avoir le droit: quoique du même avis, on y rougiroit de ne pas contredire les avis des autres. On n'a pas d'idée du bruit qui fe fait alors entendre de toute part; les vagues agitées par les vents en fureur, le font moins que les membres qui compofent une Diete en Pologne. C'eft au milieu de ce tumulte que les Polonois prétendent délibérer fur les affaires les plus im-*

portantes de l'Etat. Après bien des debats & des querelles, des harangues fort emphatiques sur la liberté & les abus du Gouvernement, il arrive souvent qu'on se sépare sans avoir pris aucune résolution. Et comment voudroit-on que cela fût autrement : les Dietes sont composées des Nonces de tous les Palatinats, choisis dans les Diétines, non parmi ceux qui ont plus de vertu & d'expérience, mais parmi ceux qui ont le plus d'ambition, des passions fort vives, & sur-tout qui sont plus attachés à leurs intérêts particuliers qu'à ceux de l'Etat. La plupart sont des jeunes gens sans aucune expérience, dont l'âge n'a pas encore mûri la raison qui, asservis par leurs passions, ne suivent que leurs conseils. N'est-il pas ridicule que celui qui ne peut se conduire lui-même, soit jugé capable de gouverner sa Nation ? Il est encore en tutelle, & on le choisit pour être le Tuteur d'un peuple entier. A 19 ans, Stanislas Leszczynsky auroit été élû Maréchal de l'élection après la mort de Jean Sobiesky, si la faction qui lui étoit contraire ne l'eût emporté. Stanislas étoit digne d'occuper cette place importante; il avoit déjà la sagesse de la vieillesse; & sans avoir son expérience, la force de son génie pouvoit lui en tenir lieu; mais autant il est rare de trouver des hommes qui lui ressemblent, autant il est ordinaire d'en voir parmi les membres qui composent les Dietes de Pologne qui ne doivent leur élection qu'à la brigue, à l'intrigue, souvent même à la force; car dans les Diétines, où se font les élections des Nonces, on tient presque toujours la même conduite que dans les Dietes.

A l'époque de l'ouverture de leur Diete de 1767, la position des Polonois étoit d'autant plus critique, qu'ils se trouvoient sans aucune espérance d'être protégés par aucune autre Puissance de l'Europe. La Prusse étoit alliée de la Russie, & peut-être dès lors entroit-elle déjà dans les projets de la politique de la Prusse de profiter des circonstances, lorsqu'elles seroient encore plus favorables, pour faire valoir ses droits sur la Prusse Royale: il étoit donc de l'intérêt de la Prusse de voir la Pologne affoiblie, & de son ressentiment de voir la République humiliée, elle qui avoit refusé avec d'obstination de reconnoître la royauté de ses Souverains, après que toutes les autres nations de l'Europe l'avoient reconnue. Il est vrai que si les Polonois eussent été meilleurs Politiques, ils auroient dès ce moment cherché à mériter du Roi de Prusse qu'il prît leur défense; ils auroient pu en lui trouver un puissant protecteur de leur liberté, s'ils lui eussent offert de lui céder la Prusse Royale sur laquelle ils ne pouvoient ignorer qu'il avoit de justes prétentions. Ce sacrifice fait à propos, auroit sauvé la Pologne qui n'avoit rien à espérer des autres Puissances. La Suede étoit livrée à l'Anarchie, & la Russie qui régnoit dans le Sénat, gouvernoit sous son nom la Nation; le Dannemarck ne pouvoit rien, parce qu'il avoit à craindre que la Russie n'excitât contre lui l'animosité des Suédois. La Saxe se ressentoit encore des maux qu'elle avoit soufferts pendant la guerre: son Corps politique n'avoit pas encore recouvré

toute fa vigueur paſſée; un ſubſide de 20000 l.
par mois eſt le ſeul ſecours qu'elle a pu donner
aux Confédérés qui n'ont pu en obtenir qu'un de
60000 par mois de la France, qui, quoique de
tout tems protectrice de la Pologne, ne ſe trouvoit pas alors en état d'envoyer à la République
un ſecours aſſez puiſſant pour la mettre en état
de réſiſter aux entrepriſes des Ruſſes. De petites intrigues de Cour occupoient les François chez
eux; leurs Miniſtres vouloient la guerre, mais
avec l'Angleterre dont il leur paroiſſoit qu'il ſeroit alors facile de ſe venger de l'humiliation de
la derniere paix. Tout entiers à cet objet, il
leur importoit que la Ruſſie fût en guerre avec le
Turc, afin que l'Angleterre fût dans la néceſſité
de la ſecourir, & pour augmenter l'embarras des
Ruſſes & rendre plus puiſſants les ſecours que les
traités lui donnoient droit de demander aux Anglois, il falloit que les Polonois réſiſtaſſent coura-
geuſement chez eux. Pour la Maiſon d'Autriche,
les Polonois n'en avoient rien à eſpérer ; l'Empereur avoit des prétentions à faire valoir, & pour
les faire valoir avec ſuccès, il falloit néceſſaire-
ment que ſes intérêts fuſſent liés à ceux du Roi
de Pruſſe & par conſéquent qu'ils ne fuſſent pas
contraires à ceux de la Ruſſie. L'Angleterre &
la Hollande ne peuvent rien dans une guerre de
terre qui ſe fait dans le continent. D'ailleurs les
Anglois alliés à la Ruſſie & leur commerce ayant
un grand intérêt à ménager cette alliance, craignant d'ailleurs une nouvelle rupture avec la Fran-

ce & l'Espagne, ne pouvoient en aucune façon s'intéresser pour les Polonois. D'un autre côté aussi, quel prétexte les autres Puissances de l'Europe auroient-elles pu alléguer pour prendre la défense de la République? Les Russes paroissoient n'être venus chez elle que pour y apporter la paix & la tranquillité, que comme médiateurs appellés par le Roi & par la plus saine partie de la Nation pour favoriser la réformation des loix, que pour mettre fin aux désordres qui affligeoient la Pologne.

Tels étoient les différens intérêts des Puissances de l'Europe, quand la Diete générale s'ouvrit; elle commença par la nomination du Prince Radziwil à la place importante de Grand Maréchal de la Diete. De concert avec l'Ambassadeur Russe, ou plutôt forcé par lui à ce propos de nommer des Commissaires qui auroient un pouvoir irrévocable pour établir, avec le concours de l'Ambassadeur, des loix à l'avantage des deux Nations, les Russes vouloient qu'on rétablît les Dissidens dans toute la plénitude des droits dont ils avoient joui auparavant: qu'il y eût un traité d'alliance entre la Russie & la Pologne, & que sa Majesté Impériale de toutes les Russies fût garant de l'exécution de tout ce dont les Commissaires conviendroient. Ces différentes propositions furent reçues avec indignation par tous les membres de l'assemblée qui étoient encore patriotes : ils les avoient écoutées avec impatience, ils les rejetterent avec force.

L'Evêque de Cracovie fut le premier qui s'é-

leva contre leur acceptation; il en développa toutes les conféquences; il en fit voir tout le danger.
Son difcours plein de cette éloquence perfuafive
qu'infpire le véritable amour de la Patrie, redon-
na de la chaleur aux cœurs les plus attiédis par la
crainte & fit rougir ceux de fes compatriotes, qui
s'étoient dévoués, ou par foibleffe, ou par intérêt, aux volontés de la Cour de Ruffie. Sur fa propofition de donner aux Commiffaires un pouvoir
illimité, l'Evêque de Cracovie repréfenta que fi
cela avoit lieu, il pourroit arriver auffi que ces
mêmes Commiffaires fuffent des hommes préve-
nus où peu éclairés: il fit voir qu'aucune Puiffance ne confieroit jamais des pouvoirs de la nature
de ceux demandés par les Ruffes pour les Commiffaires, fans fe réferver du moins le pouvoir
fuprême de rectifier ou de rejetter, fuivant qu'elle
le trouveroit conforme à fa gloire & à fes intérêts;
qu'avec cette reftriction ils ne s'oppoferoit pas à
la nomination des Commiffaires, mais qu'il ne
confentiroit jamais qu'on leur donnât une autorité
illimitée & non fujette à l'indifpenfable néceffité
de la Ratification; il ajouta que la République
ne pouvoit pas d'ailleurs faire aucune innovation
dans fes loix, fans le concours des Puiffances de
l'Europe qui étoient garantes de la forme d'Etat
de fon Gouvernement. Il appuya principalement
fur la néceffité du concours de ces Puiffances
pour ce qui regardoit les prétentions des Diffidents, attendu que ces mêmes Diffidents fe fon-
doient fur le traité d'Oliva & que ce traité ayant

été

été garanti par des Puissances Médiatrices ou con‑
tractantes, ne devoit pas être interprêté sans
elles ; il témoigna la plus respectueuse reconnois‑
sance pour les soins efficaces de sa Majesté Impé‑
riale de toutes les Russies, mais observa qu'ils ne
pouvoient être qu'infructueux dans la forme nou‑
velle qu'on proposoit, attendu que le pouvoir des
Nonces n'étant pas personnel, ils ne pouvoient pas
le résigner pour le faire passer en d'autres mains
sans un pouvoir spécial de leurs constituans. L'E‑
vêque finit son discours dont nous ne rapportons
ici que la substance, par faire ressouvenir le Roi
des promesses qu'il avoit faites à la Nation, lors
de la Diete, que c'étoit dans cette occasion qu'il
devoit les exécuter.

Ce discours devenu public fit beaucoup d'hon‑
neur à l'Evêque de Cracovie ; il caractérisoit le
Citoyen libre, le Ministre éclairé, le Patriote
reconnoissant & respectueux ; mais en même
tems l'homme ferme, inébranlable, courageux
qui fait conseiller sa Nation, qui n'ignore pas
qu'il en a le droit.

L'avis de l'Evêque de Cracovie fut adopté par
tous ses Collegues, par les Sénateurs & par le
plus grand nombre des Nonces. Le Palatin de
Cracovie le fit avec plus de chaleur que personne :
il déclara que non seulement il l'adoptoit tout,
mais qu'il sacrifieroit sa vie & sa fortune pour le
maintenir. Les partisans des Russes seuls le com‑
battirent, mais ce qu'ils dirent fut reçu avec
tant de mépris, qu'ils ne purent se défendre de la

honte qu'ils en eurent. Les jours fuivants la même queſtion fut encore difcutée ; mais ces difcuffions ne produifirent d'autres effets que la premiere fois. Envain l'Ambaſſadeur Ruſſe emplo-
ya-t-il tout ce que la Politique & l'Autorité peuvent fuggérer pour ébranler l'Evêque de Cracovie ;
tout fut inutile : plus on s'efforçoit d'affoiblir fon
zele pour fa Patrie, plus il devenoit ardent.
Le véritable Patriotifme n'eſt effrayé ni par le
danger, ni féduit par l'intérèt. Le Prélat ne
pouvoit rien par la force, mais il pouvoit beaucoup par fon exemple : celui de l'homme vertueux a une puiſſance irréfiftible qui entraîne
toujours après lui. Les Ruſſes le fentirent & virent de quelle conféquence il étoit pour l'intérêt
de leur Politique, de priver la liberté de la République du feul foutien qu'ils croyoient qui lui
reſtoit.

Le Droit des gens n'admet d'autres voies que
celles de la négociation, & un Miniſtre étranger
ne doit faire mouvoir d'autres reſſorts dans la
Cour où il eſt, que la perfuaſion. Le Prince Repnin abandonna les principes reconnus & pratiqués
dans toutes les Nations civilifées ; fans confulter
ni le Roi, ni les Etats, ni les Miniſtres, il ordon-
noit dans les provinces, entouré d'une garde
nombreufe ; foutenu par une armée, il régnoit
en Pologne avec autant de fécurité que fa Souveraine dans la Ruſſie, n'ayant rien à craindre de
la réfiſtance. Fatigué de l'oppofition qu'il trouvoit dans les Membres de la Diete ; ennuyé de la

longueur & de l'inutilité des négociations , il voulut obtenir par la force ce qu'il ne pouvoit se flatter d'obtenir par la persuasion, & de ne devoir qu'à la justice. En conséquence , la nuit du 14. au 15 Octobre toutes les troupes se réunirent dans les environs de Varsovie, tandis qu'on introduisit dans la place les piquets nécessaires pour assurer l'exécution de son projet. L'Evêque de Cracovie avoit soupé chez le Comte Innilzach Ministre & Maréchal de la Couronne. C'étoit un azile sacré; cependant son palais fut investi par le Colonel Inglastrum , & l'Evêque fut enlevé sans qu'il fût permis à aucun de ses Domestiques de le suivre. L'Evêque de Kiovie , le Palatin de Cracovie & son fils essuyerent le même sort; tous ces prisonniers furent transférés au-delà de la Vistule, & remis à la conduite d'une troupe de Cosaques farouches , qui manquerent souvent aux égards dus à leur naissance & à leurs qualités. Il est aisé de s'imaginer l'effet que produisit cet événement sur tous les esprits & même sur ceux qui étoient vendus à la Politique Russe ; peut-être éprouverent-ils alors toute la force du repentir ; peut-être la pointe aiguë du remord se fit-elle sentir au fond de leur cœur: ils virent du moins les suites funestes que devoit avoir le pouvoir despotique qu'on exerçoit contre la liberté de leur Patrie. Pour prévenir les effets du désespoir d'un Peuple libre qui se voit sous le joug de la tyrannie, les Russes non contens d'avoir fait entourer Varsovie par leurs troupes &

d'avoir difposé leur Artillerie de maniere à maintenir tous les quartiers de la Ville, ne per‑ mettoient à perfonne d'en fortir & d'y entrer. Ils condamnerent & barrerent auffi la communication de la Viftule. Le Sénat & tous les Ordres étoient dans la plus grande confternation : elle n'eft pas plus grande dans une Ville prife d'affaut ; on fe rendoit en foule dans le Palais du Roi ; de lui feul on efpéroit la liberté des prifonniers, & on étoit affez injufte pour croire qu'il avoit autorifé leur enlévement ; enfin on réfolut d'envoyer au nom du Roi & de la République une députation pour demander leur élargiffement , pour fe plaindre auffi d'un attentat commis au mépris du droit des gens & des affurances réitérées que l'Impératrice de Ruffie avoit données de fes difpofitions à main‑ tenir les prérogatives de la liberté. La députation étoit compofée d'un Archevêque, d'un Palatin & d'un Membre de l'Ordre Equeftre: elle humilia la nation & fut inftruƐtueufe, & l'ambaffadeur trai‑ ta même de coupables & de criminels les pri‑ fonniers dont on venoit lui demander la liberté. Cette conduite annonçoit une continuation de violence & d'oppreffion qui répandit dans toutes les Cours la confternation la plus grande. Le Comte Zamoysky, Grand Chancellier, gardien des loix & confervateur des immunités nationales, vint trouver le Roi & lui remit les fceaux de la République: *je ne puis ni les conferver, dit-il, avec fureté dans un chaos tel que celui qui exifte, ni exercer avec honneur les fonƐtions du pofte que j'oc‑*

cupe dans la République. Le Roi confterné, recula d'étonnement à la vue de cette démarche, & après quelques moments de réflexion, dit au Chancelier: *qu'un pilote ne devoit pas abandonner fon Gouvernail pendant l'orage. Le Vaiffeau,* répondit le Chancelier, *n'eft plus fucceptible de manœuvre & je n'affermirai jamais par l'appofition des Sceaux & de ma fignature, le naufrage qui eft prêt à l'engloutir.* En difant ces paroles, des larmes couloient des yeux de ce vertueux Miniftre, & des foupirs échapoient malgré lui de fon cœur.

Pour avoir une idée de la fituation de Varfovie dans ce moment, il faut fe rappeller celle d'une Mer en couroux dont les flots fe choquent & fe brifent les uns contre les autres. La Nation bloquée & prifonniere dans l'enceinte de la ville, éprouvoit tour-à-tour le fentiment du défefpoir & de la crainte. L'empreinte de la douleur éclatoit fur tous les vifages; on fe parloit fans fe connoître; on s'évitoit pour ne pas devenir fufpect; chacun partageoit le fort des prifonniers: on avoit le defir de les venger, mais ce defir s'évanouïffoit par la confidération de l'impuiffance où l'on fe trouvoit de le faire. Mais ce n'étoit pas affez d'avoir à craindre pour fa liberté, on avoit encore à trembler pour fa confervation. Toutes les iffues de la ville étoient fermées; rien ne pouvoit y entrer; les horreurs de la famine menaçoient les habitans & quelque follicitation qu'on fît au Prince Repnin, il ne voulut rien diminuer de la rigueur du Blocus,

qu'au préalable on n'eût foufcrit à ce qu'il exigeoit.

Dans la pofition cruelle où fe trouvoient les Polonois, ils n'avoient d'autre parti à prendre que
de fe foumettre aux volontés des Ruffes. L'enlévement des Sénateurs qui s'y étoient oppofés, faifoit craindre à tous les membres de la Diete un
fort femblable. Auffi aucun d'eux nofa-t-il rejetter dans les fcéances qui fuivirent ce trifte événement, les demandes qui avoient été faites
dans la premiere. Tous garderent le filence, même ceux qui s'étoient dévoués aux volontés de
l'oppreffeur. Ce filence fut pris pour un confentement, & les Commiffaires furent nommés. Tous
furent choifis parmi les Nonces que les Ruffes a-
voient fait nommer par les Diétines, auxquels ont
joignit quelques bons Patriotes dont, vu le petit nombre, on favoit, bien n'avoir rien à craindre. Les conférences fe tinrent tantôt fous la
préfidence du Primat, tantôt fous celle du Prince
Repnin. La qualité d'étranger de ce dernier &
tout ce qu'il avoit fait jufqu'alors, devoit naturellement l'exclure de ces affemblées, où on ne
devoit traiter que de l'adminiftration d'une République libre & indépendante. L'admiffion des Diffidents à l'égalité, fut le premier objet qui occupa
les Commiffaires ; elle paffa, comme on le peut
croire, fans oppofition & fans examiner les fuites
que pouvoit avoir cette admiffion. Au premier interregne, la Ruffie pourra propofer un Grec
Schifmatique; fon droit au trône aura pour fonde-

ment l'égalité dont il jouïra, & pour foutien la force & la violence. Une pareille élection, il faut en convenir, feroit contraire aux Conftitutions fondamentales de la République; un tel Roi dévoué à la Ruffie par reconnoiffance, pourroit-il fe refufer à la demande qu'elle lui feroit de fe reconnoitre pour fon Vaffal, & quand on ne lui en fuppoferoit même pas la volonté, feroit-il raifonnable de préfumer qu'il auroit le courage de réfifter à la Puiffance, fans l'appui de laquelle il fentiroit qu'il lui feroit impoffible de fe maintenir fur le trône.

Les premieres conférences des Ruffes furent honorées de la préfence des Ambaffadeurs de Pruffe, d'Angleterre, de Dannemarck & de la Suede que les Ruffes y avoient appellés. On auroit cru qu'ayant demandé le concours de ces Puiffances, la Ruffie partageroit avec elles la garantie de l'admiffion des Diffidents; il n'en fut rien; la Ruffie feule fe l'arrogea à l'exclufion de toutes les autres; mais ces bons offices pour les Diffidents ne fe bornerent pas encore à l'admiffion qu'ils demandoient: elle leur fit accorder un tribunal particulier, compofé de 17 membres dont huit féculiers, Catholiques Romains, & huit Diffidents ou non unis qui devoient être préfidés par un Evêque de la Ruffie blanche du rit grec non uni pour connoître de toutes les caufes concernant la religion & fes cérémonies, & les biens des Eccléfiaftiques, pour que la faveur dans les jugemens fût pour les Diffidents. On établit que toutes les caufes portées devant ce Tribunal, s'y décideroient à la pluralité; elle devoit être pour les Diffidents, puifqu'il y avoit neuf juges de leur croyance, & qu'il n'y en avoit que huit de celle des Catholiques Romains.

On attribuoit encore à ce Tribunal le pouvoir de faire la revifion de tous les griefs des Diffidents qui pouvoient avoir eu lieu depuis cinquante ans, & qu'on devoit redreffer en leur faveur. N'étoit·ce pas donner le droit aux Diffidents de porter le trouble & la confufion dans les familles, & autorifer la cupidité de leurs prétentions? Toutes les autres loix que fit l'affemblée des Commiffaires, tendent toutes à affervir la Nation Polonoife & à la mettre dans la dépendance abfolue des Ruffes. Par ces loix, l'augmentation de l'armée, l'amélioration des finances, tout traité de quelque nature qu'il puiffe être avec d'autres Puiffances font foumis à l'unanimité des fuffrages, tandis que pour les autres délibérations, la pluralité doit fuffire. Au moyen de cela, la Ruffie ôte aux Dietes la liberté de faire aucun changement fans fon aveu, puifqu'à l'aide de fes partifans, elle empêchera toujours que l'unanimité ait lieu dans tout ce quelle jugera comme étant contraire à fes intérêts. Les mémes Commiffaires déterminerent encore l'objet & la forme des délibérations fubféquentes, & en donnerent la garantie aux Ruffes. De cette maniere ils mirent la Nation dans la tutelle perpétuelle des Ruffes, qui fous prétexte d'exercer cette même garantie, tiendront toujours en Pologne un corps de troupes affez confidérable pour la faire valoir.

Il n'eft pas poffible de concilier cette conduite vio

lente des Ruffes avec les fentimens d'équité &
d'humanité de leur Souveraine. Il étoit de fa
grandeur de foutenir fur le trône de Pologne celui qu'elle y avoit placé; il étoit de fa Politique de
tenir dans fa dépendance les Polonois: mais étoit-
il de fa juftice de les traiter comme elle auroit
traité des fujets rebelles qui auroient refufé de lui
obéir? L'Impératrice fut fans-doute trompée par
fes Miniftres; tous ceux qui gouvernent le font
ordinairement. Protectrice des Diffidents, la Ruffie
devoit employer tous fes bons offices pour empêcher qu'ils fuffent opprimés; mais elle ne pouvoit
exiger avec juftice pour eux un traitement plus favorable que celui que leur accordoient les loix du
pays; ou fi ces loix étoient trop rigoureufes, fe
borner à demander qu'elles fuffent adoucies. Mais
exiger pour eux par la force, l'égalité, cela étoit
contraire à toute efpece de principes, même à
ceux de la tolérance la plus étendue.

Le Prince Rephin ayant fait rédiger les nouvel-
les loix qu'il venoit de dicter plutôt que de fuggérer aux Polonois, les fit porter à la Diete. On
les lut fans que l'oppofition de plufieurs Nonces
en interrompît la lecture, après laquelle elles furent envoyées en Ruffie pour que l'Impératrice les
approuvât. Il eft bien étonnant qu'une Nation
qui n'eft point vaffale d'une autre, ait befoin du
concours de celle-ci pour donner à fes loix le caractere de force qu'elles doivent avoir pour être
exécutées. Ce n'étoit pas ainfi que fe conduifoit
ce grand Prince à qui les Ruffes doivent, pour

ainfi dire, leur exiftence actuelle. Pierre le Grand prend Narva (1704) d'affaut, il court de tout côté pour arrêter le pillage & le maffacre; fon épée eft teinte du fang de fes propres fujets qui veulent ufer du droit que leur donne la guerre, il entre à l'hôtel de Ville & pofant fon épée fanglante fur la Table; *ce n'eft point*, dit-il, *du fang des habitans de cette malheureufe Ville que cette épée eft teinte, mais du fang de mes foldats que j'ai percés pour vous fauver la vie.*

Après la tenue de la Diete, tous les Nonces retournerent chacun dans leurs provinces refpectives; ils y rendirent compte aux Diétines de tout ce qui venoit de fe paffer. Leur rapport révolta tous les efprits, les plus modérés ne purent fe contraindre, & les proteftations éclaterent de toutes parts. On murmura d'abord, on déclama enfuite avec force, & contre les Commiffaires, & contre l'Autorité illégale avec laquelle ils avoient procédé, & l'on finit par fe réunir pour ne pas obéir & détruire leur ouvrage. Ce fut à Bar, petite Ville de la Podolie, peu éloignée du Niefter, que fe forma la premiere Confédération; elle fut corroborée par cette de Trumbowla, autre petite Ville de la même Province; toute la Lithuanie, & enfuite toutes les autres Provinces de la Pologne s'y réunirent.

Qu'on fe rappelle ce que nous avons dit au commencement de cet ouvrage du droit que les Polonois ont de fe confédérer: qu'on fe rappelle auffi la légitimité reconnue par les Ruffes de la

Confédération de Radom , & on concevra aifément que les Ruffes ne dûrent point réclamer contre celle de Bar & Trumbowla. Ils virent qu'elles pourroient en être les fuites ; ils voulurent les
prévenir ; la force étoit le feul moyen qui leur
reftoit, ils l'employerent. Bar fut invefti : contre
la fupériorité, le zele & la bravoure font inutiles.
Bar fe foumit , mais la Confédération fubfifta.
Ceux des Confédérés qui ne purent échaper, furent livrés à l'efclavage. On les dépouilla de tout,
& chargés de fer on les envoya à Kiovie capitale
de l'Ukraine.

Cette nouvelle violence effraya, mais ne décou-
ragea pas les Polonois ; les plus timides de la Podolie, ceux du Palatinat de Volinie & de la partie de l'Ukraine qui appartient à la Pologne, tranf-
porterent ce qu'ils avoient de plus précieux dans
un Monaftere nommé Bardizew. Ce Monaftere
eft revêtu d'une ancienne Fortification. Les Polonois le regardent comme un azile facré qu'on
ne peut violer fans fe rendre coupable du crime
de facrilege. Les Ruffes attaquerent ce pofte,
qui leur fut livré par capitulation, mais cette capitulation fut par eux peu refpectée ; ils enleverent
tout ce qu'ils trouverent d'effets dont la valeur fut
évaluée dans le tems à plufieurs millions. Le bon
Supérieur pour avoir voulu s'oppofer à cet enleve-
ment, perdit la vie. Les Ruffes le noyerent dans
les foffés du monaftere ; les Grecs Schifmatiques
en uferent de même en Ukraine ; ils pillerent fans
oppofition la ville d'Umania. Le recit des cri-

mes qui s'y commirent font horreur. On y vit des Gentils-hommes écorchés tout vifs, des prêtres cloués par les oreilles & enfuite éventrés, des puits remplis d'enfants maffacrés. De telles abominations firent horreur aux Ruffes mêmes; ils firent pendre un centaine de ceux qui les avoient commifes; mais ils ne rendirent point aux infortunés habitans d'Umania qui avoient échapé au carnage, les effets qui leur avoient été enlevés.

C'eft dans ce tems que les Ruffes infulterent la Ville de Batta qui appartenoit aux Turcs, fous prétexte d'y pourfuivre les Confédérés ; ils y entrerent, pillerent & maffacrerent une partie des habitans. Les Turcs demanderent la réparation de cette infraction de la paix; mais ils n'obtinrent rien. On méprifa leur demande, & les Ruffes continuerent à exercer les mêmes violences dans les endroits de la domination des Turcs où ils crurent que les Confédérés pouvoient s'être réfugiés.

Cette conduite des Ruffes étoit une infraction manifefte du traité de Carlowitz qui ne leur permettoit pas d'approcher des Frontieres Ottomanes qu'à la diftance de fix lieues. La Porte non contente de s'en plaindre, fe plaignit auffi des violences que la Ruffie exerçoit en Pologne au mépris des conventions antérieures qui avoient été faites entre les Turcs & les Ruffes. Ne pouvant obtenir aucune réparation, les Turcs eurent recours au feul moyen qui leur reftoit, & que leur indiquoit l'honneur : ils prirent les armes &

déclarerent la guerre aux Russes. A l'occasion de cette guerre, qu'il nous soit permis de faire quelques réflexions sur les suites naturelles qu'elle doit avoir même pour la Russie. Ce pays occupe 2000 lieues de terrein, & sa population n'est que de 24,000,000 d'hommes ; il s'ensuit qu'une partie de ce vaste pays doit être inhabité & par conséquent inculte. Tous les nouveaux Domaines que la Russie pourra acquérir sur le Turc ne pourront pas la dédommager de la perte d'hommes qu'elle aura faite pendant la guerre: cette perte ne peut-elle pas être évalué d'avance à plus 200000 hommes & quand elle seroit réduite à 100000 , à cause des Grecs qu'elle auroit enlevés de la Morée & des Isles de l'Archipel, se feroit toujours pour elle une perte irréparable, d'autant plus grande, qu'en tems de paix elle est obligée d'avoir toujours sur pied une armée de 400,000 hommes & en tems de guerre cette armée est de 500,000 hommes au moins.

Tous les autres pays de l'Europe se repeuplent quelquefois aux dépends de leurs voisins : un événement suffit quelquefois pour que cela arrive. La révocation de l'édit de Nantes en France ; les vexations exercées en Flandre contre les Protestans, ainsi que dans quelques pays de l'Allemagne, ont porté un nombre considérable d'émigrans en Angleterre, en Hollande & dans la Prusse. Il y ont trouvé des mœurs assez semblables aux leurs, un climat peu différent de celui de leur pays natal , & sur-tout de grands encouragements pour leur industrie, & plus que dans leur Patrie une grande liberté ; la Ruſſie n'offre rien de tout cela aux émi-grans des autres nations. Son climat eſt rigou-reux, les glaces, les neiges couvrent ſon ſol ; une brume continuelle lui intercepte les rayons du So-leil : le peuple Ruſſe conſerve encore quelque reſte de ſon ancienne barbarie ; le deſpotiſme y regne & l'idée ſeule de ſon gouvernement effraie tout homme qui veut changer de Patrie.

Si l'on conſidere enſuite l'état ordinaire des Fi-nances de la Ruſſie, on aura peine à concevoir comment les Ruſſes ont pu former le projet de faire la guerre au Turc. Celle qui a été terminée par la paix de 1734 leur a procuré une gloire qu'ils ont payée bien cher, dit le Comte Algarotti, qui dans ce tems voyageoit en Ruſſie ; leurs plus bel-les provinces ont été dévaſtées, leur Empire épui-ſé d'argent, d'hommes & de matelots eſt reſté com-me auparavant expoſé aux mêmes injures. Le numéraire de la Ruſſie eſt peu conſidérable, ſi on en juge par tout ce qu'elle a fait depuis le commen-cement de la guerre. Pour payer ſes troupes & équiper ſes flottes, elle a été obligée d'avoir re-cours à des moyens ruineux pour ſon commerce & deſtructeur de ſon crédit public ; elle a fait des roubles de cuivre ; elle a donné cours à une mon-noie fictive ; elle a ouvert dans l'étranger des em-prunts conſidérables. La Ruſſie peut avoir de revenu fixe 92,000,000 de France. D'un autre côté cependant, ſi on conſidere ce que la Ruſſie a fait avec un ſi petit revenu depuis le commence-ment de la guerre préſente contre le Turc, on ne conçoit pas qu'avec de si petits moyens elle ait pu faire de si grandes chofes. Il eft vrai qu'elle a été puiffamment fecourue par les Anglois: fans eux jamais elle n'eût pu équiper la flotte qu'elle a envoyée pour attaquer les Dardanelles. Le projet de cette entreprife téméraire avoit été il y a long-tems formé par le Comte de Munich: elle peut être téméraire, mais elle paffera toujours pour une des plus hardies & des plus belles qui ait été faite; mais en même tems auffi pour une des plus ruineufes. On en peut juger par les 100,000 L. Sterl. qu'elle a rapportées à l'Amiral Elphingften; ce qui rendoit cette entreprife encore plus téméraire, c'eft le mauvais état de la Marine Ruffe qui, quelque effort qu'elle faffe, ne peut jamais être confidérable, ni redoutable. Les Vaiffeaux de guerre Ruffe font d'une bonne conftruction, mais ils font faits de bois d'une mauvaife qualité; elle n'a pas de matelots & ne peut en avoir, parce quelle n'a point de Marine marchande, & ne peut en avoir, puifqu'elle manque des productions qui conftituent un commerce maritime.

Mais ce qui, ce me femble, auroit dû éloigner les Ruffes de porter la guerre en Turquie, c'étoit l'effet que devoit produire fur les autres Puiffances de l'Europe, la crainte de fes fuccès. Ces Puiffances devoient naturellement appréhender qu'après avoir reculé les bornes de fon empire du côté de l'Afie, la Ruffie ne voulût enfuite les reculer auffi du côté de l'Allemagne. Si l'armée de l'Impératrice, pouvoient dire les autres Princes de l'Europe, va à Conftantinople, fi fa flotte paffe les Dardanelles, fi enfin elle fe rend Maîtreffe de la partie de l'Empire Ottoman qui eft en Europe, qui l'empêchera enfuite de porter fes armes en Allemagne? elle n'a rien à craindre de la Suede qu'elle tient dans fa dépendance, la Pologne c'étoit la feule barriere qui pouvoit l'arrêter; elle l'a renverfée; la Nation Polonoife eft fous le joug; que n'avons-nous pas à craindre de fon ambition? l'entrée de l'Allemagne lui eft ouverte.

Soit que l'Empereur & le Roi de Pruffe, euffent déjà formé le projet de faire valoir leurs prétentions refpeétives fur la Pologne, foit qu'ils envifageaffent tout ce que faifoient les Ruffes comme plus capable d'affoiblir leur puiffance que de la rendre plus redoutable, ces deux princes parurent ne vouloir prendre aucune part aux affaires de la Pologne, où les Ruffes continuerent à exercer les plus grandes violences. Ils avoient difperfé la Confédération de Bar ; mais peu de tems après elle reparut à Cracovie avec des forces bien fupérieures. Les Ruffes y porterent une partie des leurs, ils s'emparerent de la Ville & au mépris d'une capitulation formelle, ils pillerent les Confédérés & les envoyerent prifonniers à Kiovie, avec l'appareil révoltant pour l'humanité & infultant, qui ne doit être réfervé que pour les feuls criminels. Cette rigueur aîgrit de plus en plus les efprits. Les Confédérations fe multiplierent, fe réunirent enfin en une feule, qui repréfentant toute la Nation, réclama avec plus de force que jamais

contre

contre les violences & les perfidies des Ruffes. Il fera bon ici de faire connoître à nos lecteurs quelles font les formes ufitées pour donner une exiftence légale aux Confédérations qui fe forment en Pologne pour obtenir le redreffement de quelques griefs qui intéreffent le bien public. Il faut d'abord que tous ces griefs foient conftatés par une proteftation qui devient légale, dès qu'elle eft enregiftrée dans une *grods*, c'eft-à-dire dans un greffe ou archive publique. L'extrait d'une de ces proteftations fuffira pour faire voir quelle doit être leur forme.

Le Sieur Charles Littawor Chreptowicz, Maréchal de la Confédération, & Nonce du diftrict de Grodno à la Diete, préférant la liberté aux biens temporels, & la Foi catholique à la liberté même, protefte contre le Prince Repnin, Ambaffadeur de la Cour de Ruffie, & déclare folemnellement devant Dieu, devant toute la terre & le Royaume de Pologne, devant le Roi Staniflas Augufte, les autres Rois & Princes, notamment devant l'Impératrice de toutes les Ruffies, que ce Prince ayant fous fes ordres, dans le royaume de Pologne, un grand nombre de Troupes Ruffes, a abufé du pouvoir qui lui a été confié, pour opprimer la Foi catholique & orthodoxe; pour détruire & renverfer les loix, droits, prérogatives & libertés de ce royaume, contre l'intention de l'Impératrice fa fouveraine, & au préjudice de l'honneur de fa Majefté l'Impératrice. En effet l'Impératrice, en offrant d'interpofer fon autorité en faveur des Non-unis & des Diffidens a déclaré par un acte du 26. Mars 1767 que son intention étoit qu'on écoutât leurs plaintes, & qu'on les jugeât suivant la forme des loix établies, ne voulant pas qu'il fût porté la moindre atteinte & qu'on dérogeât aux droits & libertés de la République & de la Religion catholique dominante. Elle avoit ordonné d'ailleurs, que ses troupes fussent employées à maintenir la tranquillité & l'ordre parmi les Citoyens, jusqu'à ce que la Diete assemblée eût terminé les discussions qui s'étoient élevées. C'est d'après ces assurances que tous les Ordres de la République s'étant confédérés, se sont rassemblés à Warsovie, pour y délibérer en Diete sur les affaires publiques, croyant pouvoir agir librement & sans crainte. Cependant contre leur attente l'Ambassadeur de Russie violant la sûreté publique, & leur ôtant, au mépris des loix du Royaume, le droit de dire librement leur avis, s'est porté à la face de la République assemblée, aux violences dont on ne voit aucun exemple de la part d'un Ambassadeur résidant chez des Rois & des Princes étrangers. Il a envoyé des détachemens de troupes dans tous les endroits où les Palatinats, terres & districts ont coutume de tenir les Diétines qui précedent la Diete générale, pour forcer à main armée ces Palatinats d'envoyer à cette Diete des Nonces qui fussent dévoués aux partis & aux factions de cet Ambassadeur, & de rejetter ceux qu'ils avoient élus librement. Les Citoyens n'ont pas été libres dans leurs propres maisons ; les membres les plus respectables de la République ont été faits prisonniers chez eux sous les yeux du Roi & des Ordres confédérés du royaume & du grand Duché de Lithuanie; ils ont été arrêtés avec violence par des Soldats Russes & conduits dans les prisons. Dès que la Diete eut ouvert ses séances, l'Ambassadeur distribua ses soldats aux portes de la Ville & autres endroits principaux, & ne permit aux Sénateurs, Ministres & Nonces de sortir, qu'avec un passe-port signé de lui; & pour comble d'oppression, il déclara que ces ordres rigoureux ne cesseroient qu'après que la République assemblée auroit consenti à tout ce qu'il avoit proposé; ce qui réussit au gré de ses désirs. Il exigea que les prétentions des Dissidents fussent le premier objet dont s'occupât la Diete; & cette affaire si importante fut discutée & décidée précipitament & sans formes légales, non par la République entiere, mais par des Commissaires que la force, la crainte & les factions avoient corrompus. Des Sénateurs indignés de tant de violence, ayant voulu s'y opposer, il les a fait saisir la nuit du 16 Octobre, par des soldats armés, & conduire prisonniers hors de Warsovie. Ni le caractere épiscopal, ni la dignité de Sénateur n'ont pu les mettre à l'abri d'un traitement dont on ne se souvient qu'avec autant d'horreur que de surprise. Il leur a ôté la liberté de mettre ordre à leurs affaires; il les a privés de leurs Domestiques; leur a refusé les commodités les plus nécessaires à la vie; & ces infortunés dépouillés de leurs biens, gémiſſent moins ſur leur propre malheur, que ſur l'état déplorable de la Patrie. Ce n'eſt pas encore tout : les archives de l'Evêque de Cracovie, l'un des priſonniers ont été fouillées, ſon argent pillé, ſes effets les plus précieux enlevés & tous ſes biens ravagés. Le Prince Repnin, pour juſtifier de pareils excès faits à des Sénateurs, des Evêques & des Nonces, a prétendu qu'ils avoient outragé l'Impératrice, & donné des interprétations odieuſes à ſes intentions : mais qu'il liſe les diſcours qu'ils ont prononcés à la Diete, ou qu'ils ont fait imprimer, il n'y trouvera pas un mot qui puiſſe bleſſer l'honneur de ſa Majeſté Impériale. Ce Prince s'eſt comporté non comme l'Ambaſſadeur d'une Impératrice alliée de la République, mais comme l'ennemi le plus cruel de la Patrie. Je ne parlerai pas des menaces de la priſon & de l'exil, faites aux Sénateurs & aux Nonces bien intentionnés ; des défenſes ſignifiées aux Notaires, Tabellions & autres Officiers publics de recevoir, ſous peine de la vie, aucune proteſtation contre ces étranges violences. Lorſque dans la derniere ceſſion de la Diete quelques Nonces préſenterent des articles rédigés, ſelon les loix de la Patrie ; le Prince Repnin, à qui les articles ne plaiſoient pas, en préſenta d'autres contraires à nos loix, à nos prérogatives & à nos libertés, tranſcrits ſur une copie informe, ſans ſouſcription d'aucun Notaire public : il inſiſta avec autorité pour les faire recevoir, & il extorqua par la force & la contrainte un conſentement équivoque ; car le Maréchal de la Diete ayant demandé l'avis de l'affemblée fur cet objet, fix ou fept membres au plus dévoués à la faction de l'Ambaffadeur répondirent à l'affirmative; tous les autres, gardant un profond filence, témoignoient par leurs regards, leurs geftes, & même les larmes aux yeux, l'intention où ils étoient de réclamer, dès qu'ils en auroient la liberté, contre de femblables violences, & a figné Charles Littawor Chreptowicz, Nonce de Grodno.

Ce brave Gentil-homme a été obligé de s'expatrier, pour ne pas tomber au pouvoir des Ruffes qui ont pillé & fuccagé tout ce qui lui appartenoit, il s'eft retiré à Vienne auprès de l'Empereur après s'être réuni aux autres Confédérés.

Les Ruffes devenus furieux de cette réfiftance générale qu'ils trouvoient à leur volonté, traiterent les Confédérés avec une rigueur ou plutôt une cruauté que les loix de la guerre les plus rigoureufes n'autorifent jamais. Un de leurs Officiers, entre autres, le Colonel Drewitz fe diftingua dans ces fcenes cruelles : on le vit faire de fang froid maffacrer les Confédérés de Lencis fes prifonniers ; fes foldats qu'il animoit, coupoient les mains ou eftropioient tous ceux foupçonnés être contraires à leur deffein; les femmes, les filles éprouvoient de leur part tout ce que la brutalité la plus effrénée peut inventer ; les églifes mêmes n'échappoient pas à leur profanation ; elle s'étendoit jufques fur les chofes les plus facrées de la Religion.

E 3

Pendant que ces horreurs fe paffoient, on rappella le Prince Repnin, on lui donna, pour fucceffeur le Prince Wolkonski. Différent de fon prédéceffeur, il étoit doux & modéré; malheureufement pour la Pologne, fon commandement ne dura qu'un moment & le Comte de Saldern d'un caractere tout oppofé vint le remplacer. Le premier acte d'autorité qu'il fit, fut de donner des gardes au Primat du royaume & de l'empêcher de fortir de Varfovie; il fit enfuite enlever le Comte de Howen, Miniftre de Courlande, fous le prétexte de quelques correfpondances contraires aux vues de la Ruffie.

Les Polonois ont été autrefois la terreur des Allemands, des Mofcovites, des Suédois & des Tartares. Le peu de réfiftance qu'ils ont oppofé aux entreprifes des Ruffes, depuis l'élection du Roi régnant, prouve qu'ils n'ont plus la même puiffance, mais non pas qu'ils aient perdu ce courage héroïque qui diftinguoit leurs ancêtres. Cet affoibliffement du Corps politique de la Pologne, a fon principe dans la Conftitution nationale. Si revenus de leur attachement pour leurs anciens ufages, les Polonois fe fuffent attachés à réformer la machine mal compofée de leur Gouvernement, on les verroit encore comme autrefois redoutés de tous leurs ennemis & refpectés de leurs voifins. Il s'en faut bien cependant que la Pologne foit aujourd'hui ce qu'elle étoit anciennement. La Ruffie lui a enlevé les Palatinats de Smolensko & de Kfernichow, une grande partie

de ceux de Kiovie, de Braclawie & de Livonie
& tout le diſtrict de Starodonbow. Si les Ruſſes
ne poſſedent pas la ſouveraineté des Duchés de
Courlande & de Sémigalle, ils les tiennent dans
leur dépendance abſolue, de maniere que le pays
ne peut pas fournir à la Pologne comme il le feroit ſans cette dépendance, de braves & courageux défenſeurs. Les Coſaques qui étoient unis
aux Polonois & par affection & par intérêt, ſont
aujourd'hui attachés aux Ruſſes; les Moldaves &
les Valaques ont paſſé ſous la domination de la
Porte ; ils étoient ſous celle de la République; la
Pruſſe Ducale & la Poméranie faiſoient auſſi partie
de ſes domaines. A ces pertes, ſi on joint celles que la République vient de faire par le nouveau
démembrement dont nous parlerons dans la ſuite,
on comprendra aiſément qu'il eſt bien difficile, mais
non pas cependant impoſſible, que la Pologne
s'affranchiſe de la dépendance où la tiennent les
Ruſſes.

Ceux-ci ſont en Pologne, ils y commandent ;
mais cependant on ne peut pas dire qu'ils en
ſoient encore les maîtres. Si les braves Polonois
ont juſqu'à préſent pu balancer ſeuls leur puiſſance, que n'auroient-ils pas été en état de faire, ſi
l'eſprit de faction qui diviſe les habitans de la
Pologne, s'étoit changé en un eſprit d'union &
de concorde qui pourroit réunir les différens intérêts des partis à celui du bien public. Si d'un
autre côté les Confédérés euſſent ſurmonté tout
ſentiment de prévention contre leur Souverain ;

fi le Roi avoit donné plus de confiance à fes fujets, alors la Ruffie auroit pn être pour la Po-
logneu ne Puiffance peu redoutable, fur-tout dans
ce moment où, obligée de divifer fes forces, elle
ne peut les porter toutes contre la Pologne.

La Pologne n'a tout au plus que 18000 hommes
d'Infanterie, mais elle peut armer 100000 & même 200000 Cavaliers, & quand la Cavalerie Polonoife eft bien conduite, elle eft la meilleure de
toute l'Europe. Par ce qu'elle à fait fous Jean
Sobiesky, on peut juger de ce quelle pourroit
encore faire. Il eft vrai que tout ce qui touche
à l'adminiftration de la guerre eft défectueux en
Pologne; on n'y voit point cette prévoyante activité d'où dépend fouvent le fuccès des entreprifes militaires. Les Polonois font toujours fans ma-
gazins, fans vivres, fans munition affurée, ils n'ont
ni arfenaux, ni artillerie; de-là vient cet efprit
d'indifcipline, qui porte le Fantaffin & le Cavalier Polonois, lorfqu'ils ont confommé les vivres
qu'ils ont apportés avec eux, à fe livrer au pillage pour s'en procurer.

Ce qui feroit le plus difficile à corriger & qui
cependant eft une des principales caufes de la foibleffe du Militaire Polonois, c'eft le fafte orgueil-
leux de ceux qui le compofent. Ce fafte ridicule eft
une fuite de cet efprit ariftocratique, qui regne
en Pologne. La Nobleffe, non contente de mettre une grande diftance entre elle & les autres
Ordres de l'Etat, veut encore en être diftinguée
par la fomptuofité de fa table, par la richeffe de

ses habits & par la grandeur de son cortege. Habitués à vivre en souverains dans leurs terres, les Nobles Polonois pensent que leur luxe & leur magnificence doivent les suivre dans les camps. De-là ces chariots sans nombre, qui embarrassent la marche des armées, qui retardent leurs opérations, & cette quantité de chevaux & de valets qui les affament. A peine une Armée Polonoise est-elle entrée dans un pays, que la famine y arrive avec elle. On ne peut mieux comparer les Armées Polonoises qu'à celles des anciens Perses, qu'une poignée de Macédonias sobres & modestes faisoit fuir avec tant de facilité. Les Soldats Russes ressemblent beaucoup à ces derniers: ils sont braves, forts & faits à la fatigue : avec de l'eau, un peu de suif & de la farine de ris, on nourrit un soldat Russe; ils s'enterrent ainsi que des Lapins, dit un auteur, pour se mettre à couvert du froid; ils se battent comme des Lions, non pour la gloire, mais pour obéir à leur Souveraine.

Le malheur rend souvent injuste. Les Polonois le furent à l'égard de leur Roi; ils lui firent un crime de la protection de la Russie à laquelle il devoit principalement son élevation, & ils le rendirent responsable de tous les maux qui affligeoient la Patrie. C'étoit pour la tirer de l'oppression que la Confédération avoit été formée: un si beau motif l'avoit rendue légitime; elle avoit alors tous les caracteres de Patriotisme; elle prit ceux de l'animosité personnelle, quand son principal objet fut de détrôner le Roi. Les Confédérés publierent l'interregne & cette démarche indifpofa contre eux toutes les Puiffances. Un Ecrit qui parut dans le tems, fit connoître à toute l'Europe combien peu étoient fondés les prétendus griefs qu'ils alléguoient pour juftifier leur conduite. Nous penfons faire plaifir à nos lecteurs de le rapporter ici, il eft d'un homme défintéreffé qui étoit en Pologne lorfque cet événement arriva.

Examen impartial des objections formées contre l'élection du Roi de Pologne & contre fa conduite.

Le Comte Staniflas Poniatowsky, grand Pannetier de Lithuanie, a été élu Roi de Pologne, après la mort d'Augufte III. Electeur de Saxe, de glorieufe mémoire. Son élection a été ouvertement protégée par les Ruffes. La vérité exige même qu'on ne diffimule pas que cette élection a été préparée par l'intrigue, & confommée par la contrainte ; mais une élection libre & unanime, telle que la prefcrivent les Conftitutions de cette République, n'eft abfolument pas poffible. Il n'y en a pas d'exemple dans les Annales de la Nation. L'interregne eft toujours un tems tumultueux, que la force feule & la fupériorité déterminent, & qui nonobftant, laiffent toujours un germe de fchifme qui ne fe diffipe que par une Diete de pacification. La derniere élection a cela d'avantageux & de remarquable, qu'à l'inftant de la proclamation, toutes les oppofitions ont ceffé par la foumiffion unanime de tous les mécontens, de forte que pour les réunir il n'a pas été nécessaire de convoquer une Diete de pacification. D'ailleurs la reconnoissance en a été faite successivement par toutes les Puissances de l'Europe ; le Roi a été sacré & couronné solemnellement , & par conséquent il a acquis un caractere indélébile, qu'il n'est pas de la dignité des Souverains d'exposer aux vicissitudes du sort.

La nation séduite & trompée, par les ressorts insidieux que la Russie a fait mouvoir, s'est confédérée contre les actes multipliés d'atteintes portées contre ses prérogatives, & contre la forme de son Gouvernement. Elle impute au Roi une connivence criminelle avec les Russes, & le rend complice de tous les malheurs qui ont affligé la Nation. Cette imputation est peut être hazardée & suggérée par la jalousie & par les mouvemens de l'amour-propre, mortifié de reconnoître pour maître un égal ; car dans l'ordre naturel, cette connivence ne peut pas être présumée, puisque le Roi seroit le premier à souffrir du joug & de la dépendance dans laquelle les Russes veulent asservir sa Nation, & qu'il ressentiroit plus vivement que personne, les atteintes portées à sa dignité & à ses prérogatives. L'exacte impartialité exige donc des preuves convaincantes de cette connivence ; car les faits paroissent démentir cette imputation. On ne peut reprocher au Roi que des complaisances pour la Russie qui n'annoncent que de la reconnoissance de sa part. Il a donné des charges, il a élevé des particuliers à la recom-

mendation des Ruffes ; il a facilité la reconnois-
fance de l'Impératrice de toutes les Ruffies, que la
République avoit répugnance d'admettre ; ce qui,
à fa follicitation, a paffé à la Diete de couronnement, *falvis juribus Reipublicæ*.   Il a concourru
à fixer les limites des deux nations en Ukraine,
objet contefté depuis long - tems ; mais toutes ces
opérations n'ont caufé aucun préjudice réel à la Po-
lôgne, au lieu que dès que les droits ont été compro-
mis, il a montré une fermeté que les prieres ni
les menaces des Ruffes n'ont pu ébranler.   Au
commencement de la guerre avec les Turcs, les
Ruffes ont voulu avoir à leur difpofition la forte-
reffe de Kaminiek.   C'étoit compromettre fa Nation ; le Roi l'a refufé conftamment. Les Ruffes
ont voulu le contraindre à former une Réconfédé-
ration qui divisât la Pologne & qui armât citoyen
contre citoyen.   Non feulement le Roi l'a refufé,
mais il s'eft oppofé à toutes les tentatives & à
tous les refforts que les Ruffes faifoient mouvoir,
pour l'effectuer fans fa participation ; ce qui dé-
montre évidemment que fes complaifances pour
la Ruffie ont été bornées & réfléchies, & qu'il
n'a pas été de connivence ni complice de leurs
projets.

Que la conduite du Roi ait quelquefois paru
démentir ces principes ; qu'il ait favorifé les Rus-
fes, ou qu'il fe foit oppofé aux deffeins des Confédérés, on ne peut pas fans injuftice lui en faire
un crime, fi on fe repréfente qu'il eft obfédé &
comme prifonnier des Ruffes & qu'il peut avoir

été forcé dans ses résolutions. D'ailleurs il a reçu de sa Nation des marques d'aversion & de mécontentement qui pourroient justifier la partialité qu'on lui reproche, quand bien même il n'auroit pas été dans l'impuissance d'y résister; il n'a envoyé des troupes que contre ceux qui vouloient dévaster ses apanages & lui enlever sa subsistance; & s'il en a envoyé tout récemment contre les Confédérés mêmes, il y a été forcé par l'indispensable obligation de veiller à sa propre conservation. Les Confédérés ont déclaré l'interregne; ils se sont donc déclarés les ennemis personnels du Roi. Ils ne dissimulent plus le dessein qu'ils ont de le détrôner. Peut-on exiger que le Roi reste dans l'inaction, & qu'il voie leurs progrès avec indifférence? D'où il faut conclure que le Roi est enveloppé lui-même dans l'oppression, & que ne voyant que des dangers & des partis extrêmes à prendre, il préfere ceux qui lui présentent au moins l'affermissement d'un regne que sa Nation lui conteste avec tant d'acharnement.

Les Confédérés ont-ils solidement réfléchi aux suites qui résulteroient du détrônement du Roi? l'on pense que la plus grande partie de la Nation le desire, mais il n'y a point d'unanimité sur cet objet. Le Roi a toujours des créatures & des partisans qui, quoiqu'en petit nombre, conservent assez d'influence dans les provinces, pour y perpétuer des germes d'opposition qui dégénéreroient en nouveaux troubles, & qui acheveroient la désolation du Royaume. De plus si le Roi est pous-

fé au défespoir par l'averfion des Confédérés, il
fe jettera entre les mains des Rufles, qui ne re-
garderont fon fucceffeur que comme un *intrus* &
nn ufurpateur expofé à toutes les viciffitudes des
troubles qui continueroient, tandis que la paix &
la tranquillité font les objets les plus précieux &
les plus néceffaires à la Pologne , & que la Nation doit faire quelques facrifices pour fe la procurer. On fuppofe encore que, contre toute vrai-
femblance , la Ruffie admette le détrônement du
Roi, l'honneur de la Nation exige qu'on lui fas-
fe un fort; eft-elle en pouvoir de le faire? Et en
je faifant que refteroit-il au nouveau Roi ? des
provinces défolées, des fujets divifés. Cette per-
fpective n'eft certainement avantageufe ni à la
République ni au nouveau Roi qu'on pourroit élire. D'où l'on peut conclure que la confervation.
du Roi actuel, importe néceffairement au rétablis-
fement de la tranquillité en Pologne, & que fans
cela les troubles fe perpétueront infailliblement.

Le feul objet que les Confédérés ne doivent pas
pas perdre de vue & que les Puiffances de l'Europe font intéreffées à protéger, c'eft l'évacuation
des Rufles hors de la Pologne & la ceffation des
violences qu'ils y commettent , parce que la
Nation rendue à elle même & délivrée de l'oppreffion de ces troupes étrangeres, fçaura bien de
concert avec les Puiffances alliées , rétablir une
adminiftration qui prévienne les abus du pouvoir,
& qui rétabliffe l'équilibre dicté par les Conftitutions: elle fçaura prefcrire des bornes qui affure-

font fa tranquillité, & le Roi inftruit par fes malheurs & trop convaincu des projets ambitieux des Ruffes, recherchera avec plus de confiance le concours des Citoyens patriotes. La bonne harmonie fe rétablira, & dès lors il deviendra de l'intérêt général d'affermir les difpofitions que l'expérience a fait reconnoître abfolument indispenfables pour la confervation de leur indépendance.

Quel dommage qu'un des plus beaux pays de l'Europe foit continuellement livré aux horreurs des guerres inteftines. La Pologne, cette belle contrée, fi vafte, fi riche en productions, fi abondante en hommes ; qu'un grand fleuve baigne ; qu'un grand nombre de rivieres arrofent ; dont les habitans ont le courage & la bravoure des anciens Sarmates dont ils descendent, du goût pour les arts, de l'aptitude pour les fciences & tout ce qui caractérife un peuple policé par les lettres qu'il aime & qu'il cultive ; la Pologne, dis-[je, feroit aujourd'hui un Royaume des plus confidérables de l'Europe, s'il avoit un bon gouvernement. Pour donner une nouvelle vie à la Pologne, il faudroit plus de défintéreffement dans la Nobleffe, plus de liberté dans le Peuple, & plus d'autorité fur le trône ; fans cela, jamais la Nation Polonoife ne fe fera refpecter de fes voifins, & elle fera toujours expofée à leur ambition, intéreffée à fomenter chez elle les troubles & les divifions.

Les Polonois, éclairés comme ils le font, patriotes comme ils le paroiffent & l'ont fi fouvent prouvé, inftruits par les malheurs qu'ils ont effuyés, & fur-tout par ceux qu'ils effuient préfentement; ne devroient-ils pas, fe dépouillant de tout intérêt perfonnel, ne s'occuper que de celui de la Patrie? Ils ont élevé fur le trône un Prince digne de s'y affeoir, ils fe font confédérés & avec raifon, contre une Puiffance voifine, qui veut s'arroger le droit de leur commander. Pourquoi détruifant leur propre ouvrage, veulent-ils changer de Chef, & fe mettent-ils par là dans l'impuiffance de s'affranchir de la crainte du joug étranger qui les menacent. Toute puiffante qu'eft la Ruffie, jamais elle ne parviendroit à mettre dans fa dépendance la Nation Polonoife, fi réuniffant toutes fes forces, elle ne les employoit que pour défendre fa liberté.

Mais, dit-on, le Roi s'eft prêté & fe prête aux vues ambitieufes des Ruffes. Il auroit dû, difent les Confédérés, fe mettre à notre tête; & nous conduifant lui-même au combat, nous prouver fon patriotifme. Il l'auroit fait fans doute, peut-on leur répondre, fi après avoir levé l'étendart de la liberté, vous aviez tous marché pour le délivrer de l'efpece d'oppreffion où le tenoient les Ruffes jufques dans fon palais. Au lieu de cela, les Confédérés ont déclaré le trône vacant, & par cette déclaration, ils ont mis leur Roi dans la trifte impuiffance de féparer fes intérêts de ceux des Ruffes. Ou je me trompe fort, ou cette démarche à nui infiniment à ceux des Confédérés; car dès ce moment ils ont, pour ainfi dire, lié les mains à toutes les Puiffances amies de la Pologne. Ils ont affoibli le caractere d'oppreffeurs

de

de la Pologne que les Ruſſes avoient auparavant aux yeux de toute l'Europe, & leur ont donné le droit de ſe dire les défenſeurs de leur Roi. Les Polonois pouvoient à juſte titre réclamer la protection des Puiſſances amies de leur Républi-que contre les violences commiſes par les Ruſſes, contre les entrepriſes formées par eux contre leur Conſtitution nationale; mais ils ne devoient pas lever l'étendart contre le chef de leur République.

Staniſlas Auguſte a été élu légitimement, re-connu par tout l'Ordre Equeſtre & couronné pu-bliquement, ſans qu'alors perſonne ait réclamé contre ſon élection, & ſon couronnement. Avant ſon couronnement, n'a - t - il pas juré les *pacta conventa*?

Les *pacta conventa* lient également les Polonois comme leur Souverain; celui - ci n'eſt reconnu pour tel, que parce qu'il jure l'obſervance de ces pac-tes; tant qu'il les obſerve, il eſt Souverain légi-time des Polonois, qui ont certainement le droit de ceſſer de le reconnoître pour tel, du moment qu'il viole la promeſſe qu'il leur a faite, & qu'il s'écarte du contrat qu'il a fait avec eux.

Les Polonois ont pu ſe confédérér pour la dé-fenſe de leur liberté menacée & même attaquée par les Ruſſes; mais pour qu'ils le puſſent faire auſſi légitimement contre leur Roi, il faudroit que celui - ci eût violé les *pacta conventa*, & que la Nation en eût des preuves convaincantes; elle auroit été alors en droit de ceſſer de le recon-noître, parce qu'elle auroit été déliée du ferment qu'elle lui avoit fait de lui obéir & de lui être fidelle.

F

Les entreprifes formées par les Ruffes font connues; les Confédéres les ont mis fous les yeux de
l'Europe entiere dans leur Manifefte; mais jufqu'à
préfent, je n'ai pas encore vu qu'ils aient démon-
tré que leur Roi ait violé les *pacta conventa*.
D'ailleurs quand on fuppoferoit véritable la viola-
tion de ce pacte, fuffiroit-il qu'une partie de la
Nation jugeât le trône vacant, pour qu'il le fût en
effet? Il eft de principe, que qui fait un acte a
feul la puiffance de le détruire. Or c'eft la Nation
Polonoife entiere, qui a élu Staniflas Augufte;
c'eft avec elle que ce prince a fait les *pacta conventa*; elle feule a donc le pouvoir légitime de
faire cheoir du trône celui qu'elle y a élevé. La
Nation en Pologne, n'eft répréfentée que par fes
Dietes; il faut donc qu'une Diete déclare le trône
vacant, comme il a fallu une Diete pour le remplir. Jufqu'à ce moment Staniflas Augufte fera
toujours regardé, par toutes les Puiffances de
l'Europe, comme le feul & légitime Roi de la Pologne, par la raifon que ne l'ayant reconnu qu'a-
près qu'il l'a été par toute la Nation entiere, il
faut que ce foit cette même nation, qui leur faffe
connoître par un acte authentique, qu'il ne l'eft plus.

Le Roi régnant eft un Piafte; on doit naturellement le croire plus attaché au maintien de la
Conftitution de fon pays, que ne le feroit un prince étranger qui monteroit fur le trône, & la Nation auroit plus à craindre de voir un jour ce même trône devenir héréditaire, fi celui qui s'y
trouveroit affis avoit pour foutien quelques nations

puiffantes de l'Europe, avec lefquelles il feroit lié par le fang. Les Polonois en choififfant un prince étranger, quand bien même ils n'auroient pas à craindre l'hérédité de droit, auroient toujours à redouter celle de fait. Pendant longtems on les a vu perpétuer dans la même famille la Couronne. Ce ne fut à proprement parler qu'en 1697. qu'ils s'écarterent de cet ufage, & fans l'avarice reconnue de la femme de Jean Sobiesky, ils n'auroient pas refufé leur fuffrage au fils de ce prince. Qui leur répondra que s'ils mettoient fur le trône un étranger, ils conferveroient le droit de refufer ou de rejetter fon fils pour lui fuccéder? Combien de pays dont les Souverains étoient électifs, & qui ne le font plus aujourd'hui?

Si les Confédérés s'obftinoient à confondre dans leur inimitié leur Souverain avec la Ruffie, quel épouvantable malheur ne prépareroient ils pas à leur Nation! Qu'ils confiderent ce que leur coûte cette guerre affreufe qui défole leur pays. Le carnage, la dévaftion & les horreurs de la pefte, fuites ordinaires des guerres cruelles, voilà les maux qu'ils effuient depuis plufieurs années. On frémit, & l'humanité gémit, de voir cette brave Nobleffe, moiffonnée par le fer; la fubfiftance de fes vaffaux dévorée par les flammes; leur bien livré à l'avidité de ravageurs cruels & impitoyables qui, s'ils continuent, feront de toute la Pologne un vafte défert inculte & inhabité·

Le fort actuel de la Pologne eft d'autant plus trifte qu'à l'avénement au trône de Staniflas Au-

gufte, tout étoit difpofé pour une réforme générale ; dans la Diete de convocation qui précéda
l'élection du Roi, on avoit pris la réfolution de
détruire tous les vices du Gouvernement, de réformer tous les défauts de l'adminiftration. Le
fatal *liberum veto* qui depuis le commencement du
fiecle a rompu prefque toutes les Dietes ordinaires,
n'auroit plus produit dans la fuite le même effet.
La Diete décida que dans les matieres oeconomi-
ques, militaires & civiles tout fe régleroit à l'avenir à la pluralité des fuffrages, & non à l'unanimité ni dans les Dietes ni dans les Diétines. Un
autre abus d'une auffi grande importance fut auffi
réformé. On ftatua que l'armée & le tréfor ne
feroient plus à la difpofition des grands Généraux
& des grands Tréforiers comme cela étoit auparavant. Les Généraux & les Tréforiers n'étant
comptables qu'à la Diete, il arrivoit toujours
que la Diete étant détruite par le *liberum veto*, les
abus qui concernoient l'armée & les finances, ne
pouvoient jamais être reformés, de maniere que
les Généraux & les Tréforiers reftoient toujours
maîtres abfolus dans leur département. La Diete
de convocation ordonna que deux Confeils fouve-
rains feroient établis, l'un pour la guerre, l'autre
pour les finances. Ces Confeils, fous la dénomination de Commiffions, devoient diriger tout ce
qui auroit rapport à ces deux departemens; le
grand Général devoit être préfident de la Commis-
fion de la guerre, & le grand Tréforier, de celle
des finances ; tous les Commiffaires nommés par

le Roi & tirés de l'Ordre Equeftre auroient dû donner librement leur fuffrage & ç'auroit été à la pluralité de ces fuffrages que tout fe feroit décidé; mais ces décifions portées enfuite devant la Diete y auroient été examinées, ainfi que les comptes des Tréforiers.

Les chemins en Pologne font fi négligés, qu'ils font prefque tous impraticables dans la mauvaife faifon : aucune communication n'eft ouverte de canton à canton, de maniere qu'il arrive que des pays très fertiles, faute de débouchés pour les denrées, fe trouvent fouvent accablés des maux de la pauvreté. La Diete de convocation voulut y remédier: elle ftatua qu'on auroit à l'avenir la plus grande attention à l'entretien des chemins & qu'on en ouvriroit de nouveaux dans tous les endroits où il n'y en auroit pas: elle s'occupa encore très férieufement des monnoies, des mefures, des poids, des droits des peuples & des douannes; mais l'article fur lequel la Diete négligea de ftatuer fut celui des affranchiffements.

J'ai quelquefois rencontré des gens qui foutenoient qu'il étoit plus avantageux à la Pologne que fes terres fuffent cultivées par des payfans efclaves, comme le font celles des Mofcovites, que par des payfans libres, comme le font celles de l'Angleterre, de la Suiffe, de l'Allemagne & de la France. Ce qui eft arrivé en Pologne à quelques grands feigneurs qui ont affranchi leurs vaffaux décide invinciblement cette queftion, qui n'en devroit pas être une dans un fiecle auffi éclairé que le nôtre, & que dans le douzieme siecle on auroit pu difcuter férieufement. Pour faire voir toute fon abfurdité, je me contenterai de rapporter ce qu'a fait le Comte Zamoysky, ancien grand Chancelier de la Pologne. Il a affranchi fes vaffaux dans une terre qu'il poffede dans le Palatinat de Plock. Cette terre fe nomme Bierun, mais cet affranchiffement fut fait avec toute la prudence & la fageffe d'un homme qui connoit les hommes, & qui fçait tirer parti pour eux-mêmes de leur amour-propre, & de leurs propres défauts.

L'effet naturel de l'efclavage eft de rendre les hommes indolens & pareffeux : on n'eft actif & laborieux, qu'autant qu'on a intérêt à l'être; les vaffaux du Comte Zamoysky habitués à l'efcavage, pouvoient devenir libres, & conferver encore pendant long-tems ce dégoût pour le travail qu'ils avoient contracté dans les fers. Le Comte, pour les rendre laborieux, les rendit, en les affranchiffant, folidaires l'un pour l'autre. Il en réfulta un tres-grand bien. Tous les payfans affranchis devinrent, dans chaque village, furveillans les uns des autres; ils eurent tous un intérêt particulier à empêcher que l'yvrognerie & la pareffe ne s'introduififfent parmi eux; chacun craignant de payer pour celui qui ne travailleroit pas, mit tout en oeuvre pour exciter par fon exemple les moins laborieux, & lorfqu'il arrivoit qu'un de la communauté ne pouvoit pas fe corriger de fes vices, on le forçoit à s'expatrier, & à céder fa place & fa poffeffion à un étranger plus vertueux que lui;

mais on n'admettoit l'étranger, qu'aprés avoir bien connu son caractere, son économie & ses moeurs. Chaque paysan eut en propriété autant de terre qu'il put en cultiver, & ne fut obligé de payer à son seigneur qu'une redevance ou cens annuel proportionné à la valeur du sol. Non content de cela, le Comte de Zamoysky voulut encore stimuler l'industrie de ses vassaux. Pour cela, il établit des prix en argent, qui furent donnés tous les ans aux paysans qui feroient les plus belles toiles; aux paysannes qui fileroient le plus beau lin, ou feroient d'autres ouvrages utiles. Le jour de la St. Joseph fut fixé pour la distribution de ces prix.

Ce jour-là tous ceux ou celles qui y prétendoient, apportoient les échantillons de leurs travaux, & celui qui avoit le mieux fait, recevoit le prix, & vendoit presque toujours son ouvrage. Par là l'amour-propre des femmes comme des hommes étoit excité, & qui n'avoit pas été couronné, s'efforçoit pendant toute l'année, de mériter de l'être l'année suivante. De cette façon, tous les momens qui n'étoient pas employés à des travaux utiles, ajoutoient à leurs richesses. Depuis cet établissement, les paysans du Comte de Zamoysky ne sont plus reconnoissables; leurs habitations sont aujourd'hui beaucoup plus grandes & plus commodes que celles de leurs voisins qui ne sont pas affranchis; leurs habillemens sont moins grossiers, leurs enfants sont mieux élevés; ils ont établi des écoles pour leur enseigner à lire

& à écrire; ils paient réguliérement les redevances à leur Seigneur: celui-ci est devenu plus riche; il n'a plus pour faire valoir ses biens, d'Intendant qui le vole, d'Econome qui le trompe; il n'a plus comme auparavant des réparations énormes à faire. Cette terre, qui ne lui rapportoit pas 15000 l. de net, lui en vaut aujourd'hui au moins 50000: ses payfans contens de leur fort le bénissent sans cesse; ils l'appellent leur pere, & ils les regarde comme ses enfans; il s'est réservé quelques droits de corvée; mais ils préviennent ses ordres, & l'ouvrage est fait souvent avant qu'il soit ordonné; ses foins font fauchés, ses bois font coupés à l'instant meme où il est nécessaire qu'ils le soient. Ainsi le Comte est aujourd'hui plus riche & plus heureux; car il n'est pas de bonheur qui soit comparable à celui de faire des heureux, & point de puissance comparable à celle qu'on tient de la reconnoissance.

Le prince Czartorisky, grand Panetier de Lithuanie a suivi avec le méme succès l'exemple du Comte Zamoyski, & je ne doute pas que toute la Noblesse Polonoise, lorsque la paix sera rétablie dans leur pays, ne fasse la même chose. Il est vrai qu'il y a dans la Pologne des Cantons où cet affranchissement pourroit peut-être, quant à préfent, ne pas produire cet effet, où il seroit même défavantageux pour les payfans qui les habitent, qu'ils fussent affranchis; tels font les Cantons où, faute de chemins, & à caufe de l'éloignement des Villes, il n'y a pas moyen d'avoir des debouchés pour les productions de la terre; car leur vente n'étant pas assurée, ceux qui les recueilleroient se trouveroient plus malheureux, s'ils cultivoient la terre pour eux-mêmes qu'ils ne le font à présent qu'ils la cultivent pour leurs maîtres.

L'affranchissement des habitans de la terre de Bie-run n'a si bien réussi, que parce qu'ils sont à portée de la Vistule, & peu éloignés de Thorn; la Podolie, la Volhinie n'auroient pas les mêmes avantages; mais quand des chemins de communication seront établis dans ces Cantons, alors leurs habitans sentiront tout l'avantage de l'affranchissement; ils le demanderont avec autant d'empressement, qu'ils le refuseroient présentement si on le leur offroit.

Si l'on se rappelle ce que nous avons dit au commencement de cet Ouvrage de la politique des Russes, on concevra que les dispositions que fit la Diete de convocation dut les allarmer, & les Polonois qui étoient bien éloignés de penser que le projet de la Russie fût de les asservir, laisserent peut-être alors trop voir la résolution qu'ils avoient prise de travailler sérieusement à la réformation de leur Gouvernement. La Russie en sentit les conséquences; elle jugea que si la Pologne parvenoit à mettre plus d'ordre dans ses finances, plus de discipline dans ses armées; si elle donnoit plus de solidité à ses Dietes, elle reprendroit toute son ancienne force, & deviendroit comme par le passé une Puissance redoutable, dont la Russie elle-même auroit à craindre la force. Il étoit donc de l'intérêt des Ruſſes d'empêcher l'exécution de ce projet de réforme & pour cela le moyen le plus ſûr étoit de diviſer les eſprits & ſur-tout d'empêcher l'union de la Nation & du Roi. Ils y réuſſirent au point d'exciter contre ce prince une haine implacable qui a produit le 3 Novembre 1771 un de ces événemens qui font rougir & la religion & l'humanité.

Entre huit & neuf heures du ſoir, le Roi de Pologne ſe rendit chez le prince Czartoryski ſon Oncle, & grand Chancelier de Lithuanie, qui ſe trouvoit indiſpoſé: ce bon Maître toujours attentif à ne pas former un joug de ſon ſervice, avoit renvoyé tous ceux qui ſont dans l'uſage & dans l'obligation de l'accompagner; ce ſont des Chambelans, des Aides-de-Camp, quelques Officiers & des Gentils-hommes. Il n'avoit gardé que ſes Pages & ſes Domeſtiques. Retournant au Château, ſon carroſſe fut aſſailli par trente hommes, qui tirerent ſept à huit coups de piſtolets, dont quelques-uns percerent l'habit de ſa Majeſté, & un entr'autres friſa ſes temples & brûla ſes cheveux. Deux Heyducs qui étoient aux portieres, ayant voulu s'oppoſer à cet horrible attentat, l'un fut tué roide, & l'autre bleſſé à mort: un ſeul Aide-de-Camp ayant également montré quelque réſiſtance, reçut un coup de Sabre qui l'étendit par terre, & dont la bleſſure fut fort dangereuſe. Dans la confuſion de ce monſtrueux projet, le Roi fut tiré de ſon carroſſe, déſarmé & traîné à pied juſqu'en haut de la rue, où on le mit ſur un mauvais cheval, qui fut entouré par ces trente scélérats, qui tenoient le sabre à la main. Dans l'obscurité de cette nuit & dans la précipitation qui accompagne toujours les forfaits de cette nature, ces monstres manquerent le chemin qu'ils s'étoient frayé à travers un fossé dont l'on a entouré la ville à l'occasion des troubles actuels; ils forcerent le Roi à sauter dans l'endroit du fossé qui se présenta, il fut abbatu sous son cheval, qui se cassa une jambe, il perdit son chapeau & sa fourrure. Le Roi fut retiré & forcé de suivre, tantôt à pied, tantôt à cheval, entendant répéter à chaque instant par les plus furieux, qu'il étoit temps de le massacrer, & le Chef répondant qu'il falloit attendre jusques dans le petit bois, qui n'étoit pas éloigné. Quel cruel état pour un Roi qui n'a jamais eu d'ambition plus sincere, que celle de faire le bonheur de sa Nation! Il n'est pas possible de méconnoître dans cet événement la direction suprême du Roi des Rois; il répandit l'allarme dans l'esprit de ces abominables assassins; ils crurent entendre le bruit de ceux qui les poursuivoient, ils crurent qu'ils alloient rencontrer des Vedettes ou des Patrouilles Russes; la crainte les dispersa, le Chef conduisit le Roi dans le petit bois, & divisa les autres en plusieurs bandes, pour tromper la vigilance de ceux qui pourroient les poursuivre. Le Roi resté dans le petit bois à la discrétion du Chef, demanda à se reposer un moment; il étoit épuisé & par la fatigue & par la cruelle agitation du moment. Cet instant décida de son sort. L'horreur

du régicide arracha des foupirs & des regrets à ce
Chef qui convint qu'il fe portoit à un grand crime, puifque c'étoit contre la perfonne de fon Roi.
Ajoutez répliqua le Roi, contre votre bon Roi;
puifqu'il eft difpofé à vous pardonner, vous & vos
complices. — Mais nous avons fait ferment de
vous livrer mort ou vif. — O Dieu quel ferment!
peut-il être agréable à Dieu, puifque c'eft contre
celui qui le repréfente fur la terre! Ne m'avez-
vous pas fait un ferment antérieur de fidélité? Pou-
vez-vous l'enfreindre & commettre un crime qui
vous rendra l'horreur de la poftérité & la honte
de votre Nation? Le Roi, par fa fermeté & fa
préfence d'efprit, en impofa tellement, & atten-
drit cet homme, au point qu'il fe jetta à fes pieds,
lui demanda pardon, & lui dit: votre vie étoit
en mon pouvoir; je remets la mienne à votre dif-
crétion. Le Roi lui réitéra fon pardon, en lui
ordonnant de le conduire au moulin de Marimont,
qui étoit peu éloigné. Le Roi arriva à ce moulin accablé de laffitude, échevelé, défiguré par les
éclabouffures de boue, la tête toute en fang. Il
frappe & redouble en vain pendant une demi-
heure, le meûnier qui craignoit fans doute les ro-
deurs, refufa d'ouvrir. Mais le Roi ayant déclaré qui il étoit, on le reçut avec le refpeét &
l'empreffement qu'il méritoit; il écrivit fur le
champ un billet au Général-Major Coccic, Colonel des Gardes de la Couronne, & pendant cet
intervalle celui qui avoit enlevé le Roi, fit fenti-
nelle à la porte, & le garda, le fabre à la main.

Le Général-Major informé de la retraite du Roi, y accourut au galop ; mais le détachement qu'il avoit ordonné, & qui, quoiqu'à pied, devançoit le cheval, tant il y avoit d'ardeur à fauver le Roi, rentra enfin avec ce Monarque à Varfovie entre quatre & cinq heures du matin.

Au moment que le carroffe du Roi avoit été attaqué, l'allarme s'étoit répandue dans tous les quartiers de la ville ; mais avant qu'on pût prendre des mefures qui prévinffent les fuites de cet attentat, le Roi étoit déja hors de la Ville. La confternation devint générale ; tout le peuple demandoit à grands cris qu'on l'employât à délivrer le Roi : tous les feigneurs préfents à Varfovie fe préparoient dans la plus grande agitation à réunir leurs forces pour le r'avoir ; le carroffe du Roi & le corps mort du Heyduc furent conduits chez le grand Maréchal pour conftater le délit & en dreffer procès-verbal. Dès que le peuple vit le carroffe percé de balles, la ville ne retentiffoit que de pleurs & de gémiffemens ; on vouloit maffacrer tous ceux que l'on foupçonnoit être contraires au Roi, & il n'a jamais éclaté de regrets plus vifs & plus finceres ; mais ils fe changerent en cris d'allégreffe & d'acclamations quand on fut informé que le Roi étoit délivré : toute la ville accourut au-devant ; le Clergé, la Nobleffe, tout le Peuple fit retentir fa joie & fes tranfports ; toutes les rues furent illuminées, & le Roi fut comblé des voeux & des bénédictions de tout fon peuple, qui ne les ceffa que pour aller fe profterner dans les Eglifes & rendre graces à Dieu de la vifible protection qu'il avoit accordée à ce bon Roi.

Le Roi impatient de faire quelque gratification au Meûnier qui lui avoit donné afyle, le fit venir le lendemain, & lui ayant fait demander en quoi il pouvoit l'obliger, le Meûnier demanda après quelques réflexions la conftruction d'un nouveau moulin, dans un endroit qu'il indiqua. Le Roi en fit fur le champ expédier les ordres qu'il figna, & ayant fait introduire le Meûnier dans fa chambre, il voulut les lui remettre lui-même : voilà, dit-il, ce que vous defirez avoir; je ne bornerai pas ma reconnoiffance à cela ; mais j'exige une condition qu'il faut me promettre d'obferver, c'eft que fi quelque malheureux pendant la nuit ou dans d'autres circonftances vient vous demander un afyle, vous ne le faffiez pas attendre auffi long-tems que moi. Quel attendriffement n'infpire pas ce troit d'humanité que la bonté feule arrachoit à ce bon Prince.

Cet attentat excita l'horreur & l'indignation, & il eft bien affligeant pour l'humanité de voir éclorre des projets auffi exécrables dans un fiecle que la faine raifon devroit éclairer, & dans une République que la religion & l'honneur ont toujours dirigée; car il faut obferver, que les annales de la Nation Polonoife ne préfentent aucun événement de cette nature, & que dans les difcuffions de prérogatives & de liberté qui font de l'effence de fon gouvernement, & qui ont fouvent agité cette République, la perfonne des Rois y a tou-

jours été refpectée. Ces réflexions doivent juftifier les Confédérés de l'imputation qu'on pourroit
leur faire d'avoir autorifé cet attentat. Le Chef de
ce projet monftrueux nommé Kofinsky n'étoit pas
Gentil-homme; il fervoit ci-devant fous un habit hongrois; il pouvoit être au fervice & à la
folde des Confédérés, mais il n'étoit pas affocié à
la Conféderation.

Ce Kofinski eft natif de la Volhynie & de
baffe condition, il n'eft pas de la maifon des Kofinski, famille diftinguée du Palatinat de Pook.
Cette conjuration avoit été tramée par le Sr. Pa-
lauski, qui, pour s'affurer du zêle des conjurés
leur avoit fait jurer fur un image miraculeufe de la
Vierge de tuer le Roi. La formule de ce ferment
étoit conçue en ces termes. ,, Nous qui, excités par
,, un zele faint & religieux, avons pris la ferme
,, & inébranlable réfolution de venger la Divinité,
,, la Religion & la Patrie, outragées par-le Ty-
,, ran Staniflas Augufte, Contempteur des loix di-
,, vines & humaines, Ufurpateur du trône de Po-
,, logne, Fauteur des Athées & des Hérétiques,
,, Traître à la patrie, Oppreffeur de la nation,
,, & vil inftrument de l'ambition & de l'injuftice
,, étrangeres, jurons devant l'image facrée & mi-
,, raculeufe de la Mere de Dieu, de facrifier nos
,, biens, nos vies & nos familles pour extirper
,, de la terre celui qui l'a déshonorée en foulant
,, aux pieds le refpect dû à la Divinité, la Reli-
,, lion, & les privileges de la Nation. Dieu
,, nous foit en aide ". Après avoir prêté ce fer-

ment horrible, les Conjurés fe retirerent à Varfovie dans le Couvent des Dominicains de la ville
neuve, pour attendre le moment favorable de l'e-
xécution de leur infame projet.   Palawski n'entra
pas dans la ville, il refta dans les environs, & le
lendemain de l'affaffinat du Roi, il difoit à tous
ceux qu'il rencontroit que ce Prince avoit été mis
à mort par ordre de la Généralité.   Plufieurs de
fes complices furent cependant arrêtés; ceux qui
échaperent aux recherches qu'on fit, commirent
dans les Campagnes les plus grands défordres.   Il
n'y a point de tourments qu'ils ne firent fouffrir
à un Miniftre Diffident; point de mauvais traitemens qu'ils ne firent effuyer au Meûnier qui avoit
confervé les jours du Roi; ils l'accablerent de
coups, mirent le feu à fon moulin & auroient
donné la mort à fa femme & à fon fils, fi la fuite ne les eût dérobés à leur fureur.   Pour intimider
le Roi & ceux de fon parti, ils firent répandre
dans Varfovie que trois cents des leurs étoient cachés dans cette ville.

Il y auroit de l'injuftice à croire que tous les
Confédérés aient trempé dans ce complot horrible formé contre la perfonne du Roi de Pologne.
Un projet auffi odieux n'a pu être conçu que
par des hommes familiarifés avec le crime, qui
fe jouent également des loix de la Religion & de
celle de l'Humanité.   Il eft, il faut l'avouer, hu-
miliant pour les Confédérés de Pologne que l'a-
mour de la liberté & de la Patrie a réunis, d'être
confondus dans le jugement de ceux qui ne les
con-

connoiſſent pas, avec un tas de gens que la néceſſité les a forcé d'admettre dans leur aſſociation
patriotique. Les véritables Patriotes de la Confédération ont gémi de cette cruelle imputation,
& ils ont rougi des cruautés que quelques-uns des
Confédérés ont commiſes.

Ce qui prouve invinciblement que les principaux des Confédérés n'ont pas eu de part à l'entrepriſe de Koſynski, c'eſt qu'en les ſuppoſant même plus ambitieux que Patriotes, ils n'ont pu donner leur conſentement à une action qui pouroit
un jour en autoriſer une ſemblable contre eux-mêmes. Leur naiſſance leur donnant le droit de
prétendre au trône, il eſt de leur intérêt qu'on ne
croie point qu'on puiſſe l'enſanglanter ſans crime.
Pour s'y placer, ils peuvent bien faire tous leurs
efforts pour qu'on croie que celui qui y eſt aſſis
l'occupe injuſtement, mais jamais qu'on penſe,
que la force & la violence puiſſent être employées pour l'en faire deſcendre. S'aſſeoir ſur un
trône teint d'un ſang qu'on a fait verſer, c'eſt ſe
dévouer au ſort de ce malheureux Roi, ſur la tête
duquel étoit ſuſpendu par un foible fil un glaive
menaçant.

D'ailleurs accuſer les principaux des Confédérés
d'avoir été complices de l'aſſaſſinat de leur Souverain, ce ſeroit les croire dépourvus de toute eſpece de
lumiere ; car l'effet de cet événement devoit
être celui qu'il a produit, de rendre Staniſlas Auguſte plus intéreſſant pour tous les Souverains, de
le rendre plus reſpectable pour tous les honnêtes

gens. Il n'étoit pas préſumable que ſoit qu'il ſuccombât, ſoit qu'il échappât aux coups de ſes meurtriers, il pût devenir indifférent, tant pour les Peuples, que pour les Souverains de l'Europe entiere; pour les Peuples, qui connoiſſent ſes vertus & ſes grandes qualités, pour les Souverains, qui voient en lui leur égal. Auſſi le Roi de Pruſſe lui a-t-il écrit. *C'eſt une affaire qui intéreſſe tous les Souverains, & ce trait auſſi noir qu'inhumain de la part des Confédérés, mériteroit que toutes les Puiſſances de l'Europe s'uniſſent & en tiraſſent* une vengeance éclatante.

Les Confédérés les plus ſenſés ont bien ſenti combien l'entrepriſe de Koſinski nuiſoit à leur parti: pluſieurs même, depuis cet événement, ont affecté de paroître moins acharnés contre le Roi. Un de ceux qui s'étoient retirés en France, & qui avant l'aſſaſſinat diſoit hautement que le Comte Poniatowski ne régneroit jamais que ſur des cadavres, changea de ton auſſitôt qu'il eut appris ce qu'on avoit tenté contre ce Prince; pluſieurs perſonnes lui ont entendu dire alors, qu'il ſeroit des premiers à renoncer à la Confédération, ſi le Roi pouvoit par ſes bons offices obtenir des Ruſſes, qu'ils quittaſſent la Pologne. Un autre Confédéré, auſſi retiré en France, dit à pluſieurs perſonnes lorſqu'il apprit la délivrance du Roi, que la maniere dont ce Prince avoit échappé à la mort, étoit une preuve non équivoque que le Ciel vouloit qu'il régnât ſur les Polonois; & qu'à l'avenir aucun d'eux ne pourroit ſans craindre d'offenfer le Ciel même, fe refufer à le reconnoître pour fon Souverain.

Si les Polonois Patriotes fe fuffent confédérés, feulement pour affurer leur liberté contre les entreprifes des Ruffes, tout le monde auroit applaudi à leur zele ; le croyant pur & fincere, perfonne n'auroit pu le foupçonner d'avoir pour principe l'intérêt particulier , & dans plufieurs même, le défir d'occuper la place de celui contre lequel ils fe déclaroient avec tant de chaleur. Ce foupçon, tout mal fondé qu'il a pu être, leur a beaucoup nui. Plus ils ont paru défirer la chûte du Chef de leur République, plus on a examiné quel pouvoit être le motif de leur haine ; on ne l'a trouvé ni dans la conduite du Roi, ni dans fa perfonne, ni dans fon coeur, ni dans fon efprit; & dès lors on s'eft cru en droit de croire cette haine injufte, & dès lors auffi, tout le monde a defiré qu'elle fût impuiffante.

Les Confédérés n'ont pas dû efpérer de trouver du foutien & des fecours dans les Princes d'Allemagne. Il eft de leur intérêt que le Corps Politique de la Pologne ne s'affoibliffe pas trop, & c'eft ce qui arriveroit fi, aprés avoir reconnu, comme ils l'ont fait, le Roi régnant, ils autorifoient, ou par leur confentement ou par des fecours effectifs , une partie de la Nation à le faire cheoir du trône où toute la nation l'a placé ; car alors ce feroit exciter parmi les Polonois l'efprit de faction & de ligue, qui plus il fermente, plus il affoiblit le Corps Politique où s'opere cette fermentation.

Les Confédérés s'étoient fans doute flattés que l'offre qu'ils feroient de la couronne à un Prince étranger allié de la France & de la maifon d'Autriche, leur procureroit le foutien de ces deux Puiffances; mais ils n'ont pas vu que la conduite qu'ils avoient tenue à l'égard de Staniflas Lesczynski & que celle qu'ils tenoient à l'égard de Staniflas Augufte étoit précifément une raifon pour leur faire rejetter leur offre, ou pour ne la faire accepter qu'avec la condition de l'Hérédité. Mais cette Hérédité pourroit-elle s'allier avec les intérêts des autres Princes de l'Europe, qui ne pourroient peut-être pas voir fans ombrage, ce changement fait en faveur d'un prince qui feroit attaché par les liens du fang & par la reconnoiffances au Chef de l'Empire.

La conduite que l'Empereur a tenue avec les Confédérés retirés dans fes Etats, eft une preuve non équivoque qu'il n'approuvera jamais le détrônement du Roi. L'Empereur a exigé de ces Confédérés une rétraction authentique de ce qu'ils avoient écrit d'injurieux contre la perfonne de leur Souverain & contre la légitimité de fon Election, dans un Manifefte que la Confédération avoit fait publier. Il a marqué la plus grande indignation d'un autre écrit qui parut quelque tems après, par lequel les Confédérés défendoient à tous & à un chacun en particulier de recevoir aucun emploi & aucune faveur de fa Majefté Polonoife, déclarant nuls, tous les droits & toutes les prérogatives que pourroient prétendre les poffeffeurs de ces emplois. Cette défenſe étoit le comble de l'inconſéquence, puisque les Confédérés venoient de reconnoître le Comte Oginski pour grand Général de la Lithuanie. Cette dignité lui avoit été conférée par le Roi, il la poſſédoit donc il-légitimement, ſi le Roi n'avoit pas été légitime-ment élu.

Quant au Roi de Pruſſe, les Confédérés ne pouvoient pas non plus eſpérer qu'il ſe déclarât en leur faveur contre le Roi. La Lettre de ce Prince que nous avons rapportée plus haut, prouvoit ſes ſentimens, & d'ailleurs les Polonois ne pouvoient pas ignorer que ſa Majeſté Pruſſiénne avoit des intérêts particuliers qui l'attachoient à la Ruſſie, & que dans le Syſteme actuel de la poli-tique de l'Europe, les Ruſſes étoient les alliés na-turels des Pruſſiens.

Pour achever de juſtifier les Confédérés d'avoir trempé dans l'entrepriſe de Koſynski, je crois de-voir rapporter ici la traduction d'une Lettre qu'un de ces mêmes Confédérés écrivit peu de tems a-près à un de ſes amis.

Lettre d'un Confédéré traduite du Polonois.

,, Vous avez ſans doute appris par la Gazette, l'événement arrivé ici le 3 9bre; je m'attends que cette nouvelle a fait ſur vous le même effet qu'el-le a produit ſur moi, c'eſt-à-dire, celui de l'é-tonnement & de l'horreur. Attachés tous deux au même parti, nos ſouhaits n'ont été juſqu'ici que

de voir notre Patrie délivrée du joug étranger
sous lequel elle gémit; c'est l'amour de cette liberté qui nous a fait prendre les armes, pour la tirer de l'oppression. L'intérêt personnel, encore
moins une haine peu mesurée n'y ont eu aucune
part. La liberté, le maintien des Loix & de la
Religion Catholique étoient les seuls objets qui
nous ont déterminés à verser notre sang, s'il le
falloit, pour les maintenir. Il est toujours glo-
rieux de la consacrer à un tel usage : mais auriez-
vous pu, après des mesures si sagement prises,
imaginer sans frémir celui qu'on vient de faire de
ces biens sacrés ? Etoient - ils destinés à servir
d'opprobre à la Nation, par l'abus que des force-
nés en ont fait ? Quoi! cette Confédération faite
pour le maintien des Loix & de la Religion, ne
serviroit-elle qu'à ruiner le pays, produire des attentats & former des Assassins ? Non la félonie
& le régicide n'ont jamais flétri la gloire de nos
peres; nos jours seroient-ils destinés à y vouloir
donner atteinte ? Des Assassins couverts du sang
d'un Roi, resteroient - ils confondus parmi tant de
personnes distinguées par leur mérite que l'amour
seul de leur Patrie détermina à la défendre? Souf-
frirons - nous impunément que des scélérats, re-
vêtus du nom de Confédérés, non contens d'e-
xercer la rapine, le crime & le meurtre, osent
encore porter une main sacrilege sur l'oint du seigneur? Excuser un tel forfait, seroit s'en rendre
complice; persévérer dans une Confédération qui
a donné lieu à un Régicide, seroit l'autoriser.

Nos moeurs feroient-elles dépravées au point de méconnoître ces vérités? N'aurions-nous entrepris la défenfe de la Patrie, que pour finir par être criminels? Oui nous le ferions fi, en nous refufant à l'évidence, nous perfiftions à vouloir porter atteinte à l'autorité royale que Dieu même par un miracle inoui prouve vouloir laiffer fubfiifter entre les mains de celui à qui elle eft confiée.

Jufqu'ici, toutes les circonftances juftifioient les entreprifes de la Confédération. La défenfe de la Patrie opprimée, eft un prétexte que la Nature même infpire.   L'espoir de fuppléer par des fecours étrangers aux forces qui nous manquent, nous y engageoit. Le fouhait de voir occuper le trône par un Prince plus puiffant & capable par là même de défendre nos loix, ne pouvoit encore nous être imputé comme un crime; mais actuellement tout change de face.

Le Miniftre de la Cour de Pétersbourg nous affure des vues pacifiques de l'Impératrice, & demande par fa Déclaration à entrer en pourparler. C'eft donc un moyen qu'on nous offre pour fortir de l'oppreffion.   Pourrons-nous douter que cette Cour ne veuille fe relâcher fur quelques points inférés dans la dernicre Diete? Dès qu'elle cherche à traiter, pourrons-nous nous flatter de nous délivrer de l'oppreffion par la voie des armes, après avoir, pendant tant d'années confécutives, éprouvé le peu de fuccès que nous en ayons tiré? La plus forte reffource de la Confédération ne s'eſt-elle pas évanouie par la défaite du grand Général Oginski? Saurions-nous encore nous flatter qu'une Cour amie nous offre des ſecours ſuffiſants? Avons-nous oublié les périls auxquels la Nation a été expoſée tant de fois, pour avoir prêté l'oreille aux inſinuations des étrangers qui ne peuvent être à portée de la ſecourir? Douterions-nous encore que les intérêts du Roi de Pruſſe ſont inſéparables de ceux de la Ruſſie? Nous perſuaderons-nous encore que la Maiſon d'Autriche voudra ſortir d'une inaction qui lui eſt de toute façon avantageuſe? Ne voyons-nous pas que les forces de la Ruſſie, au lieu de diminuer, ne ſont qu'augmenter dans notre pays, & que les Turcs trop heureux de ſe défendre aux bords du Danube, ne peuvent porter aucune eſpece de ſecours à la Pologne? Ce ſont ces confidérations politiques qui auroient dû depuis long-tems nous déterminer à tenter d'autres voies pour ramener la paix dans notre Patrie déſolée; mais aujourd'hui nous y ſommes portés par des raiſons bien plus fortes; c'eſt-à-dire, par celle de la perte de notre honneur, qui eſt ce que nous devons avoir de plus cher au monde. Il ne peut ſubſiſter ſi nous perſévérons dans une Confédération qui, par ſes Manifeſtes, a donné lieu au plus noir des attentats, & qui autoriſe des Chefs de partis capables d'employer des ſermens ſacrileges pour ordonner un Régicide. Je connois trop nos Compatriotes pour leur imputer des ſentimens ſi pervers; le zele a entraîné les uns; les

autres ont donné trop aux apparences. Tous se
font livrés trop aveuglément, aux impreſſions que
leur ont donné des mal intentionnés qui cachent
leur jalouſie, leur ambition & leurs intérêts parti.
culiers ſous le voile ſpécieux du ſoutien de la
cauſe commune. La Providence Divine qui vient
de ſe manifeſter ſi clairement en conſervant les jours
précieux du Roi, diſſippe l'illuſion, & nous tra-
ce le chemin que nous devons ſuivre. Elle nous
prouve que ce n'eſt pas défendre la Religion, que
de s'oppoſer à un Roi qui en obſerve religieuſe-
ment les obligations. Serons-nous inſenſibles à
la voix qui nous appelle à notre devoir? Laiſſe-
rons nous échapper le moment favorable où nous
pouvons renoncer avec honneur à des liens dont
nous ſentons toutes les ſuites malheureuſes? Per-
drons-nous l'occaſion de faire voir à l'Europe
entiere que ſi nous avons eu aſſez de courage pour
nous oppoſer à une Puiſſance formidable, nous a-
vons encore plus notre honneur à coeur? C'eſt
lui qui nous défend de reſter unis à un parti,
qui par ſes violences a augmenté les calamités
publiques; c'eſt lui qui a ſouffert que des brigands
s'arrogeaſſent le nom de Conſédérés; c'eſt lui qui a
enfin donné lieu par un choix peu meſuré de
Chefs ſéditieux, aux horreurs dont nous venons
d'être témoins. Uniſſons nous pour porter le flam-
beau de la vérité dans le coeur de ceux qui la re-
ſpectent encore, qui chériſſent leur Patrie, & qui
ſont dignes de porter le nom de Polonois. "

La Nation Polonoiſe eſt pleine de valeur. Les

Polonois ont généralement de la générofité & du courage, de l'efprit & une imagination vive: leur jugement eft folide, mais les préjugés les rendent fouvent opiniâtres. Leurs moeurs ne font plus auffi aufteres qu'elles l'étoient autrefois; mais elles font moins corrompues que celles de la plupart des autres nations de l'Europe. C'eft fans doute la fuite de leur attachement pour la religion, qui dégénere cependant quelquefois en pratiques minutieufes qui lui font étrangeres. Les Ancêtres des Polonois ont laiffé de grands exemples à fuivre & de grands abus à réformer. La liberté, ce bien fi précieux dont la jouiffance éleve l'ame, eft la fource de tous leurs maux; parce qu'au lieu de ne vouloir que ce qui leur feroit falutaire, ils ne veulent fouvent que ce qui leur plait. Si les Polonois n'abufoient pas de l'ineftimable privilege d'être libres, ils jouiroient de l'avantage qu'ils ont de faire le bien volontairement, tandis que chez plufieurs autres nations, c'eft l'autorité fouvent qui y détermine. On peut dire que par leur opiniâtreté à ne pas abandonner leurs anciens ufages, ils reffemblent à ces enfans qui par refpect pour leurs peres, n'ofent rien changer à l'héritage qu'ils en ont reçu, & préferent fa ruine aux changemens heureux qu'ils pourroient y faire pour le rendre plus profitable.

Dans l'origine, tous les Gouvernemens ont été établis fur les mêmes principes. Les hommes nés libres & réunis en fociété ne fe font choifi un Roi, ou plûtot un chef, que pour affurer leur liberté & maintenir la tranquilité de la Societé. Ils n'ont jamais prétendu donner à un d'entre eux un pouvoir au-deffus de celui qu'ils avoient eux-mêmes, mais ils ont voulu que l'exercice de ce pouvoir fervît à contenir la liberté & à empêcher qu'elle n'allât jufqu'à la licence, en même temps que la liberté, armée du pouvoir des loix, ré-primeroit l'ambition des Rois fi elle les portoit au defpotifme. Cette heureufe forme de Gouvernement fubfifta peu chez toutes les Nations; elle s'altéra, dégénéra, & changea enfin chez les unes en Monarchie abfolue, chez les autres en Démocratie fimple, chez quelques-unes en Aris-tocratie, chez quelques autres en Defpotifme réel. De celui-ci naquit le Gouvernement mixte qui fe rapprochant du Gouvernement primitif, eft le plus parfait de tous ceux qui fubfiftent, mais auffi le plus fujet à effuyer de grandes révolutions.

De tous les Gouvernemens mixtes, celui d'Angleterre eft le plus parfait; la Nation y eft répréfen-tée par tous ceux qui la compofent. Le Peuple y eft Légiflateur, comme la Nobleffe & le Cler-gé; au lieu qu'en Pologne la Nation n'eft repréfen-tée que par un feul Ordre de Citoyens, & c'eft cet Ordre qui fait la loi à laquelle tous les au-tres Ordres font obligés d'obéir.

Le Roi, la Loi & la Nation, font les trois forces qui font mouvoir la machine du Gouver-nement Polonois. De leur équilibre doit dépen-dre la régularité de fes mouvemens; mais cet équi-libre eft une chimere; car quoique ces trois forces pefent fans ceffe l'une fur l'autre, il en réfulte prefque toujours que le poids de l'une l'emportant fur celui de l'autre dans certains moments, occafione à la machine des mouvements convulfifs qui alterent fes refforts, l'affoibliffent & doivent néceffairement entraîner fa deftruction.

On voit prefque toujours en Pologne la Majefté Royale luter contre la liberté nationale pour la détruire, & la liberté nationale vouloir fecouer le frein de la Majefté Royale qui la contraint. De-là ces divifions perpétuelles entre le trône & la nation; celle-ci fe confédere; celui-là s'appuie d'un fecours étranger; la guerre inteftine furvient, la force fait taire la juftice, & fouvent la juftice emploie une violence deftructive qui la foutient pour un moment aux dépens des forces effectives du Corps Politique.

Les mauvais Rois en Pologne ont, comme ceux d'Angleterre, trop de moyens de devenir Tyrans. Les bons Rois n'ont pas un pouvoir affez étendu pour être utilement bons; la Nobleffe jaloufe & méfiante, ambitieufe & intéreffée, tourmente le Roi par des vexations, l'irrite contre la liberté, & le force à l'intrigue. Ses bienfaits & non fes vertus lui font des partifans; il divife pour régner; il féduit pour fe défendre; il oppofe la force à la force pour fe maintenir. Des Factions formées par l'intérêt particulier déchirent le fein de la Patrie, marchent fous l'étendart du patriotifme, & pour défendre la liberté des Citoyens, fement partout le trouble, mettent la confufion à la place de l'ordre, & livrent la Nation au fer, au feu & à la dévaſtation. Si la Confédération eſt plus forte, ſi elle l'emporte, celui que la Nation avoit choiſi pour Roi, parce qu'il avoit des vertus, des qualités & des talens, eſt renverſé du trône. Si au contraire les Confédérés ont le deſſous, le Roi ne regne que ſur des cadavres.

Ces Confédérations autoriſées par la loi, lorſque la loi eſt méconnue par le Souverain, ne peuvent être légitimes que dans ce ſeul cas, & il arrive preſque toujours que l'intérêt de la loi, n'eſt que le prétexte de l'ambition de ceux qui peuvent avoir quelques prétentions au trône. Dans le vrai il eſt beaucoup plus difficile de réprimer les abus que les Polonois font de leur liberté, que l'orgueilleuſe ambition du trône, & pour la tranquillité de la Pologne, il faudroit, ou qu'aucun Polonois ne pût prétendre au trône, ou qu'aucun de ſes Rois ne pût être détrôné que par le jugement de la loi, ou enfin que la Nobleſſe Polonoiſe fût dépouillée de l'autorité deſpotiſque qu'elle exerce ſur le reſte de la Nation.

Un Gentil-homme Polonois eſt ſouverain dans ſes terres; il a le droit de glaive & de juſtice ſur tous ſes ſujets; il peut être leur Tyran impunément, & tandis qu'il abuſe de ſa puiſſance, il conteſte au Chef de la Nation les plus petits droits de la ſienne. Ce Chef de la Nation ne peut pas lever le plus léger impôt pour la Nation, & le Gentil-homme peut mettre tel tribut qu'il veut ſur ſes vaſſaux. Il n'y a que l'illuſion de l'ambition qui puiſſe faire déſirer le titre de Roi à un Gentil-homme Polonois, & il me ſemble que qui peut faire les Rois, ne doit pas déſirer de l'être. Membre de la République, le Gentil-homme partage avec le Roi le Gouvernement du Royaume. Il peut s'oppoſer aux déciſions de toute la Nation. Un ſeul mot arrête leurs effets. L'impôt qu'il paie a été conſenti par lui & les miniſtres de la juſtice ſont nommés par lui.

Malgré les vices du Gouvernement de Pologne, il n'eſt pas un Polonois qui ne le croie fort ſupérieur à ceux des autres nations. Cette prévention eſt la ſuite de l'attachement ridicule qu'ils ont tous pour leurs uſages. Si on leur propoſe d'avoir des troupes diſciplinées, ils répondent, *nos Sabres ont étendu nos limites, nos ſabres ſuffiſent pour empêcher qu'elles ne ſoient reculées.* Ils ne voient pas que chez toutes les autres nations l'art de la guerre s'eſt perfectionné; que la maniere de la faire eſt changée, qu'aujourd'hui il ne ſuffit pas de ſe battre; qu'il faut ſavoir ſe battre, & que le peuple le plus brave ſera toujours vaincu par celui qui ſera le mieux conduit au combat. Les Suédois battirent longtems les Ruſſes; les Ruſſes apprirent l'art de la guerre & battirent les Suédois.

La Pologne ouverte de tous côtes, n'a aucune barriere qui la défende contre les entrepriſes de ſes voiſins. On peut entrer chez elle, établir des contributions, détruire ſes Villes, ravager ſes campagnes, maſſacrer ſes habitans, ſans que rien ſe préſente pour s'y oppoſer. Sans artillerie, ſans argent, fans munitions, la République fera toujours à la merci de l'ennemi qui voudra la dévafter, & le moindre rempart ne retardera pas fa marche. Alors l'allarme fe répand, la Nation s'affemble, les Dietes fe tiennent, les Confédérations fe forment : on déclame contre le vainqueur, on écrit contre fon entreprife, & fi on imagine un moyen d'arrê- ter le ravageur, c'eft lorfqu'il n'y a plus rien à ra- vager.

Nous ne fommes pas faits, difent les Polonois, pour nous enfermer dans les murs d'une ville. Nos peres alloient attaquer l'ennemi en pleine campagne, le combattoient & le battoient. Il eft donc inutile que nous ayons des places fortes, d'autant, ajoutent- ils, que ces places tombant entre les mains de nos ennemis, feroient pour eux un moyen de nous fubjuguer plus facilement, fans compter que ces places fortes pourroient être pour nos Rois un boulevard qui les mettroit à couvert de la jufte vengeance de notre li- berté offenfée.

Il eft en Pologne un vieux axiome ; c'eft qu'il ne convient pas à la bravoure polonoife de fe bat- tre en bataille rangée, qu'elle doit fe contenter de harceler & de fatiguer l'ennemi, c'eft-à-dire, de fe battre comme les Tartares, les Valaches & les Cofaques.

Les Polonois inftruits ne font pas de bonne foi, lorfqu'ils paroiffent s'attacher à la force de leur Gouvernement. Leur prévention orgueilleufe ne tient-elle pas un peu à leur intérêt perfonnel ? Il eft fi peu d'hommes qui fe facrifient volontairement à l'intérêt général, il eſt ſi aiſé de parler pour la Patrie & ſi rare de la ſervir avec ſincérité, qu'il pourroit bien arriver que ceux des Polonois qui font de ſi grands éloges de leur Conſtitution nationale, demanderoient qu'on les réformât, ſi de cette réforme dépendoit l'avancement de leur fortune, & qu'elle aſſurât le ſceptre dans leur famille. Quelquefois il arrive que qui harangue avec le plus d'énergie pour la liberté, n'eſt ſouvent dans le fond de l'ame, qu'un eſclave vil & rampant de ſon ambition ou de ſa vanité.

Il faut l'avouer cependant, tout ce que la Nobleſſe Polonoiſe a fait dans tous les tems pour défendre les Conſtitutions de ſon pays, tout ce qu'elle a oſé tenter contre l'oppreſſion des Puiſſances voiſines, a le caractere du Patriotiſme : mais je voudrois que cette brave Nobleſſe, quand elle a rempli le trône d'un Prince digne de l'occuper, oubliât qu'elle a le pouvoir de l'en faire deſcendre. Je voudrois qu'elle fût moins légere & inconſtante dans ſon attachement pour ſon Roi ; qu'au lieu d'exciter les troubles, de fomenter la diviſion, elle cherchât les moyens d'aſſurer la tranquillité publique au-dedans ; ſurtout que, plus ſenſible aux droits de l'humanité, elle prouvât le cas qu'elle fait de la liberté en la rendant à ceux que le haſard de la naiſſance a fait ſes eſclaves.

Le Gouvernement Polonois eſt un Gouvernement bifarre & le plus défectueux de tous ceux qui exiſtent. C'eſt un mélange monſtrueux de ſervitude & de grandeur, un aſſemblage informe de

petites

petites & de grandes chofes. Il eſt rempli d'inconféquences & d'abſurdités; c'eſt un amas confus
de puiſſance qui ſe heurte ſans ceſſe; c'eſt enfin
une machine politique dont tous les rouages n'ont
aucun rapport les uns aux autres & dont tous les
reſſorts ſont ſans harmonie.

La Pologne eſt une République qui a un Chef
ſans autorité. Les Polonois craignent cette autorité & lui donnent tous les moyens de s'étendre
& de s'affermir; leur Conſeil National eſt formé
par le hazard; car la naiſſance donne le droit d'y
entrer; l'inexpérience de la jeuneſſe n'en exclut pas
& la ſageſſe de la vieilleſſe ſeule n'eſt pas un titre
pour y prétendre. La pauvreté dépendante s'y
aſſied à côté de l'opulence qui eſt ou qui eſt peut
être toujours indépendante: il faut une unanimité
de ſuffrages pour que ce Conſeil faſſe une loi, &
le caprice d'un ſeul de ſes membres le laiſſe ſans
action & le diſſout même. Ce Conſeil eſt celui de
la Nation ou, pour mieux dire, eſt la Nation elle-
même, & l'abſence d'une partie de ceux qui doivent le compoſer n'eſt pas un obſtacle à ſes délibérations, ni une raiſon d'inſuffiſance pour les empêcher d'être reçus par toute la Nation. Je ne
crois pas qu'il y ait de pays qui réuniſſe tout-à-la-
fois tant de contraſtes dans le phyſique & dans le
moral, que la Pologne. La dignité royale avec
le nom de République; la faſte du trône avec l'impuiſſance de ſe faire obéir; le luxe le plus grand
avec l'indigence la plus grande; l'amour outré de
la Liberté avec les manieres rempantes du Cour-

tifan ; des loix avec l'anarchie féodale ; la liberté
avec l'esclavage ; la fertilité de la terre avec la
pauvreté de l'habitant ; du goût pour les arts, &
pas un art utile & agréable ; les fonctions de la
Magistrature, réunies à celle de la guerre ; de braves
officiers, pas un Chef ; des soldats, & point de discipline ; tel est en raccourci l'idée que l'on doit avoir
de la Pologne. D'où l'on peut juger de quelle importance il est pour elle que les Puissances réunies
achevent le grand ouvrage qu'elles ont commen-
cé, de forcer les Polonois à changer la forme de
leur Gouvernement.

Si on dit à un Polonois : vous n'avez pas de
Roi, vous n'en avez que le fantôme, il vous ré-
pond avec emphase, *imò nos habemus regem, sed vos
Rex habet,* Nous avons un Roi ; mais votre Roi
vous a. Oui, peuvent lui répondre aujourd'hui les
citoyens de presque toute les Monarchies de l'Europe, le Roi a parmi nous la plénitude de la Souveraine Puissance, mais que quelqu'un de ses Cour-
tisans lui propose de faire une injustice, il lui répondra comme Louis XII, Roi de France : *je fais
tout ce que je veux, parce que je ne veux rien qui ne
soit juste.* Le Roi en France peut se tromper ;
c'est le sort de l'humanité ; mais on ne peut rai-
sonnablement présumer qu'il soit volontairement injuste, parce que n'ayant point de Puissance au-dessus
de la sienne, il est toujours sans motif de faire le
mal. Il n'en est pas de même en Pologne ; tout
engage le Roi à vouloir plus qu'il ne peut, parce
que tout s'oppose à ce qu'il veut ; il sait qu'il est

pour ses sujets un objet d'envie, & que l'espérance qu'ils ont d'occuper un jour sa place nourrit leur ambition: il faut donc les gagner par des bienfaits qui sont souvent des injustices envers les autres, ou se mettre à couvert de leurs entreprises en accordant des graces auxquelles ils peuvent prétendre, à ceux qui ont la force de lutter contre eux. Le moyen le plus sûr qu'a le Roi de Pologne pour conserver sa couronne, est d'étendre son autorité. En France, le Roi se fait aimer, en Pologne il doit se faire craindre, &, s'il est redoutable à ses sujets, il est toujours chancelant sur son trône.

Tant que le Roi de Pologne n'est que la bouche de la République & n'en est pas l'ame, il est toujours contrarié, toujours surveillé, perpétuellement contredit, souvent même est-il attaqué. Il faut donc qu'il passe sa vie dans une perpétuelle agitation, ou qu'il méprise les droits de ses peuples & les foule aux pieds. Comme l'air à qui une pression violente donnant plus de force s'exhale avec impétuosité, de même l'ambition du Roi de Pologne, toujours gourmandée, ne peut se contenir & les efforts qu'il fait pour agir, ajoutent encore à la chaleur de ses desirs. Aussi, comme l'a très bien remarqué le Philosophe bienfaisant, *Les Polonois plus soumis, seroient plus tranquilles ; moins libres, leur Roi feroit moins d'efforts pour les assujettir.*

La fierté Polonoise qui s'effarouche si fort du mot de soumission, ne se dégrade-telle pas souvent vis-à-vis de celui à qui elle ne croit pas en

devoir, quand elle en attend quelque grace? Au
refte le Roi de Pologne ne peut être libéral à l'é-
gard de fes fujets; il ne reçoit de la République
que 600,000 écus pour l'entretien de fa maifon :
mais il a à fa difpofition les biens royaux, dont il
ne jouit pas, mais qu'il peut donner. Ces biens
font les Starofties, les Tenures, les Advocaties; il
les donne à qui il lui plait, de même que les places qui regardent le civil & les charges qui donnent entrée dans les Confeils; enfin, on peut dire
que fi le Roi de Pologne n'a pas un grand pouvoir, il a de grands moyens d'en exercer un très
étendu.

Les Starofties font partie des Anciens Domaines des Rois de ce pays qui les cedent à des
Gentils-hommes pour les aider à foutenir les frais
des Expéditions Militaires. En les cédant, les
Rois fe réfervent toujours le droit d'y nommer
après la mort du poffeffeur & à la charge de
payer par lui au tréfor du Prince le quart du revenu qui eft deftiné à l'entretien d'un certain nombre de Cavaliers. Quelques-unes de ces Starofties
ont des Jurisdiétions, mais le plus grand nombre
n'en a pas.

Les Tenures font moins confidérables que les
Starofties: elles ne comprennent ni Villes ni Châteaux; mais feulement un ou deux villages.

Les Advocaties font encore moins confidérables: elles font ordinairement la récompenfe de la
pauvre Nobleffe; les Starofties & les Tenures font
toutes envahies par la grande; le nombre des unes
& des autres eft évalué à 600.

Si un Roi de Pologne eft jufte & Patriote, il a les vrais avantages de pouvoir faire beaucoup de bien & fort peu de mal. Chef d'une République, tous ceux qui la compofent doivent alors contribuer à fa gloire & fi leur attachement pour lui eft fincere & n'eft pas intéreffé, il jouit de l'avantage inexprimable de ne point devoir leur foumiffion au fentiment de la crainte. Deux chofes feules peuvent troubler le bonheur de ce Prince; la crainte d'être détrôné par ceux qui ont droit de prétendre à le remplacer; & fa propre ambition, fi elle le porte à étendre fon pouvoir. Notre Roi, difent les Polonois, ne peut être heureux qu'autant qu'il renonce au defir d'éteindre nos privileges & de transgreffer nos loix; s'il refpecte les uns & les autres, il eft chéri de fes peuples; il a leur confiance, il regne fur les efprits, parce qu'il regne fur leurs cœurs; tout plie fous fes ordres, s'il n'en donne que pour notre bonheur; il difpofe de l'armée, fi nous favons qu'il s'en fervira pour notre défenfe. S'il ne trouble pas les Confeils par fes intrigues, ces Confeils prennent fes avis & les fuivent; les tribunaux qui doivent refpecter la loi, veillent à ce qu'elle foit obfervée; les Miniftres d'Etat ne cherchent point à le contrarier, parce qu'ils favent que fes bienfaits feront le prix de leur zele & de leur vigilance. Le Sénat enfin qui voit en lui le pere de la Patrie, n'eft point en garde contre fon influence.

Tel étoit Staniflas Lefczincky. Les Polonois le firent cheoir du trône; on peut juger de-là s'il eft possible qu'un Roi de Pologne puisse exercer sur les cœurs de ses sujets ce despotisme flateur qui naît de l'affection de celui qui s'arrache avec violence à la foiblesse & à la crainte; celui qui s'achette par les bienfaits, qui se paie par une basse complaisance & par une vile adulation, est le seul auquel il peut prétendre.

Les Polonois craignant toujours les entreprises de l'autorité royale, emploient aussi toujours contre elle des moyens violens dont l'usage continuel qu'ils en font, énerve leur Corps Politique, tandis qu'ils en ont qu'ils pourroient employer, & qui, loin de l'affoiblir, lui donneroient une plus grande vigueur, assureroient leur liberté, leur ôteroient cette crainte & cette méfiance qui les tourmente sans cesse. Les bons Rois y trouveroient leur avantage, la paix, la tranquillité, le bonheur & la gloire; les mauvais, des entraves qui les mettroient dans l'heureuse impuissance de nuire.

Les Polonois qui ont toujours si bien su combattre pour leur liberté lorsqu'elle a été attaquée, n'ont jamais rien su pour la mettre à l'abri des attaques. Les vices de leur Constitution les favorisent, & ce seroit ces vices qu'il faudroit extirper; le moment en est arrivé; la Nation assemblée peut profiter de ce moment pour faire une réforme salutaire. Les trois Corps différents qui composent la République doivent se réunir, & de cette réunion qu'ils devront à la force, pourroit résulter une métamorphose heureuse qui assureroit pour toujours le bonheur des Polonois.

Les trois Ordres différents qui compofent leur République font le Roi, le Senat, & l'Ordre E-queftre. Conduire les armées, veiller à ce que la juftice foit rendue à un chacun, dépenfer pour l'Etat les revenus publics; enfin entretenir l'abondance & la paix parmi le peuple, tels font les droïts effentiels de la Royauté, dans les pays même où elle eft le plus limitée. Les Rois de Pologne en jouiffoient autrefois en entier, ils en ont abufé ou on a craint qu'ils en abufaffent, & la République les a transférés aux Miniftres d'Etat qu'elle a par-là conftitués les gardiens & les protecteurs de la liberté nationale. Comme le Roi ne peut rien faire fans leur participation, on a eu raifon de les appeller *regalia brachia*. Ils font au nombre de quatre, le Grand Général, qui eft chef de la guerre, le Grand Chancelier, qui préfide à la juftice, le Grand Treforier, qui a foin des finances, & le Grand Maréchal qui a foin de la police. Le Grand Duché de Lithuanie a fes quatre Miniftres d'Etat particuliers qui font totalement indépendants de ceux de la Grande Pologne. Ceux-ci ont auffi dans leur département la Petite Pologne qui étant une province féparée, devroit auffi avoir les fiens.

Ces quatre Miniftres font à vie & nommés par le Roi. C'eft une contradiction avec le but de leur établiffement; car s'ils doivent ufer de leur pouvoir pour empêcher le Roi le plus hardi, d'attaquer les privileges de la nation, doit-on l'attendre de gens qui par reconnoiffance doivent lui être dévoués? D'un autre côté fi pour le bien de l'Etat, il faut qu'ils maintiennent la liberté dans fes juftes bornes & l'y faffent rentrer quand elle eft immodérée, quel motif auroient-ils de le faire, fi perfonne ne peut les deftituer de leurs places? Les Polonois ont donc raifon de vouloir aujourd'hui que la Diete qui eft affemblée, prive pour l'avenir le Roi de la nomination des Miniftres d'Etat. Pour concilier les intérêts du trône & ceux de la République, ceux de l'autorité royale avec ceux de la liberté nationale, on pourroit ftatuer, je crois, que ce feroit à l'avenir le Roi, les Nonces, & les Sénateurs qui nommeroient ces Miniftres d'Etat; on pourroit auffi établir, que les Sénateurs ne feroient pris dorénavant que parmi les Nonces; qu'enfin les Miniftres n'occuperoient leurs places que pendant un certain nombre d'années. Ces miniftres redevenus fimples Sénateurs feroient autant de furveillants expérimentés pour ceux qui leur fuccéderoient. Aujourd'hui les Miniftres ont place dans le Sénat & ne font pas Sénateurs. Si on remonte à la fource de tous les malheurs qui ont affligé la Pologne, on en trouvera le principe dans l'incapacité de fes Miniftres, dans leur foibleffe à fe prêter aux caprices du Roi, ou au plaifir ambitieux des partis. Un Miniftre de Pologne qui doit fa place à la faveur & à l'intrigue, fans talent, fans zele, fans activité, accable toute fa vie l'Etat de fon ignorance & de fon indolence. Si le Roi le défoblige il favorife les troubles & au lieu d'empêcher le défordre, il l'excite fouvent par fon exemple. Voilà ce qui eft arrivé fous ce regne,

Le Roi a mécontenté le Comte Oginsky, & le Comte Oginsky, Grand Général de Lithuanie, a oublié qu'il devoit au Roi sa dignité, & s'est mis à la tête des Confédérés.

De quelque façon qu'on envisage le gouvernement de Pologne, on n'y trouve que des inconséquences. Le Grand Général est le Chef de la guerre, & l'on peut sans se rendre coupable lever des troupes & en entretenir sans son aveu. Le Grand Trésorier a le département des Finances, & on donne sur cet objet des ordres & des passeports qui ne sont pas émanés de lui. Le Roi accorde des privileges, dont le grand Chancelier a connoissance. On s'attroupe, on forme des assemblées & le Grand Maréchal n'a pas le pouvoir de les empêcher. Pour remédier à ces abus, on a établi des Conseils Ministériaux; mais leur établissement a été si défectueux qu'il n'en est résulté aucune réforme.

Le Corps de la Noblesse qu'on nomme en Pologne l'Ordre Equestre, est sans contredit le soutien de la République. *Si les sujets qui le composent*, a dit le Philosophe Bienfaisant, *avoient autant d'application à cultiver leurs talents, qu'ils ont naturellement de génie, il n'y auroit point de nation pareille à la nôtre. Il n'en est pas*, continue encore le même prince, *où l'on voie plus de zele pour la religion, plus de piété, plus de candeur, un esprit plus mâle & plus généreux, plus d'adresse & d'habileté pour les Sciences.* Cet éloge est mérité sans doute; mais ces vertus, ces qualités des Polonois qui leur

H 5

font tant d'honneur, ne produifent pas pour l'Etat tous les effets qu'elles devroient produire. Cela vient des vices de leur gouvernement qui entraîne après eux les inconféquences de conduite qui empêcheront toujours cette Nation d'être floriffante, heureufe & tranquille. Une chofe furprenante, mais qui fait honneur au caractere des Polonois, c'eft que malgré le peu d'ordre & de police qui regne par mieux, l'efpece d'anarchie qui les tourmente fans ceffe, les révolutions étonnantes & prefque continuelles qui arrivent chez eux & cet efprit de contrariété qui les fait agir, on ne voit pas parmi les habitans de la Pologne commettre de ces crimes affreux qui font rougir la nature, affligent l'humanité & la déshonore. Des parricides, des empoifonnemens, des impiétés énormes fe font commis & fe commettent encore quelquefois chez les Peuples les mieux gouvernés. La pologne eft le feul pays où ces actions horribles ne foient pas connues. Un crime plus affreux encore, le Régicide a été confommé chez toutes les Nations. En Pologne il n'a été que projetté; les remords plus forts que les fermens, ont fait tomber le glaive des mains de celui qui s'étoit chargé de fon exécution. Les Polonois détrônent leur Roi & croient en avoir le droit, mais ne penfent pas qu'ils puiffent fans crime attenter à fes jours.

Nous avons dit tout à l'heure que l'Ordre Equeftre étoit le foutien de la République de Pologne. C'eft une vérité prouvée par la bravoure & le courage de tous ceux qui le compofent, & furtout par les actions héroïques qu'ils ont faites toutes les fois qu'il a fallu combattre pour la Patrie. On ne peut mieux comparer ce Corps qu'à celui des Chevaliers Romains, qui dans les commencemens de son établissement composoit toute la Cavalerie des Armées Romaines. L'Ordre Equestre de Pologne eut dans son origine les mêmes fonctions; on nomma pospolite le Corps d'Armée qu'elle composoit. La République de Pologne n'avoit point alors de troupes à sa solde, & la pospolite seule étoit chargée de sa défense: mais depuis qu'à l'exemple des autres Nations, la Pologne a formé ses Armées de Soldats mercenaires, elle ne convoque plus sa pospolite que dans les cas extrêmes. Ce Corps peut être évalué à 150000 combattants. C'est le Roi qui le convoque, & aucun Gentilhomme ne peut réfuser d'obéir à cette convocation. C'est un pernicieux usage; car, en forçant toute la Noblesse Polonoise à marcher à l'ennemi, n'est-ce pas exposer la République à se voir tout d'un coup privée de ses plus braves défenseurs? Un événement malheureux peut les ensevelir tous dans un même champ de bataille.

D'ailleurs la convocation de toute la Noblesse de Pologne ne peut produire aucun bien. Si c'est pour délibérer qu'elle est réunie, quelle confusion dans une assemblée composée de 150,000 Gentilshommes divisés d'intérêts, & mus par différentes passions, dont les uns sont attachés à la cour par des motifs d'ambition, dont les autres lui sont contraires par efprit de vengeance, dont le plus grand nombre ignore jufqu'aux premiers principes de toute efpece de Gouvernement, & le plus petit nombre eft patriote! Toutes les fois qu'on a convoqué la pofpolite de Pologne pour faire la guerre, il en a toujours réfulté un grand embarras pour l'Armée; & pour chaque Gentilhomme, un furcroit de dépenfes qui fouvent occafionne le changement de fa fortune & toujours la ruine de fes vaffaux.

Il eft de principe que tous les membres d'un l'Etat fe doivent à la défenfe de l'Etat, & le Gentilhomme Polonois eft obligé non feulement en fa qualité de citoyen, mais encore comme poffeffeur de biens que l'Etat ne lui a donnés qu'à condition qu'il feroit toujours en état de monter à cheval pour la défenfe de la Patrie. Sans détruire cette obligation, ne pourroit-on pas rendre fon exécution plus facile?

Il eft en Pologne, comme par tout ailleurs, une Nobleffe indigente. Ces pauvres Gentilshommes raffemblés en corps, & formant des régiments de Cavalerie, pourroient être foudoyés du produit d'une taxe qu'on feroit payer à tous les Gentilshommes qui voudroient s'exempter d'aller à l'Armée. Ce genre de fervice feroit beaucoup plus honorable pour la pauvre Nobleffe, que celui qu'elle rend aujourd'hui à ceux qui font fes égaux, d'une maniere fi aviliffante pour elle.

Cette nouvelle Cavalerie prendroit la place des Huffards que la République entretient, & cette

diminution de dépenſe mettroit la République en
état d'avoir à ſa ſolde un Corps nombreux de
troupes: mais ſi l'Ordre Equeſtre eſt un corps reſpectable & par ſa force & par la qualité de ceux
qui le compoſent, il eſt auſſi un Corps dangereux
pour la République par les troubles qu'il y occa-
ſionne. Sa véhémence dans les conſeils, en chaſſe
la tranquillité & y détruit l'unanimité; il intrigue
ſans ceſſe, & toujours diviſé d'intérêts, il forme des
partis qui devenant des Confédérations, déchirent l'Etat & l'affoibliſſent ſans ceſſe. Fier de ſon
indépendance, l'Ordre Equeſtre ne connoît aucun
frein. Le Roi, le Sénat, les Miniſtres, tous ſont
expoſés à ſa haine; ils le ſont auſſi à ſes injures.

Le grand défaut du Gouvernement de Pologne,
c'eſt qu'il eſt rare que chacun y ſoit à ſa place,
& jamais un Etat ne ſera bien régi quand des
fonctions de genre différent ſeront remplies par les
mêmes membres de cet Etat. Le Clergé en Pologne eſt trop riche & trop faſtueux; il faudroit qu'il
fût plus avare des biens des pauvres dont il n'eſt
que l'économe, & qu'il fût plus prodigue de ſoin
& de vigilance pour le troupeau dont il eſt le con-
ducteur, qu'il ſe mêlât un peu moins des affaires publiques, & uu peu plus du ſalut des ames, qu'il allât
moins dans le palais du Roi & plus ſouvent dans la
cabane du pauvre; qu'enfin il ſe perſuadât bien que
les richeſſes, le luxe & le faſte ne ſont pas la
marque des diſciples de Jéſus Chriſt. La Religion Chrétienne a été établie par l'humilité, les
ſouffrances, l'abnégation de ſoi même, & c'eſt al-

ler contre l'efprit de fon fondateur que de vouloir mettre à leur place l'égoïfme, la puiffance & l'opu'ence.

Les Eccléfiaftiques en Pologne ne font point comme dans d'autres Etats un Corps féparé ; cependant dans les Diétines appellées *Laud* ; toutes les décifions commencent par ces mots: Nous Confeil fpirituel & temporel. Leurs Chefs, les Evêques, entrent au Sénat y ont le pas fur les Gentilshommes, & l'Archevêque de Gnefne, primat du royaume, eft Roi pendant l'interregne. Les Polonois difent qu'ils n'ont donné une fi grande prééminence à un eccléfiaftique, que pour éviter qu'un féculier qui en auroit jouï ne profitât de la grande autorité dont il jouïroit pendant la vacance du trône pour fe faire élire Roi. Les Evêques font admis au fénat de même que dans les Tribunaux & dans tous les Congrès, c'eft-a-dire qu'ils font occupés des affaires publiques , tandis que par leur vocation ils ne devroient l'être que des affaires fpirituelles.

On prétend que le Roi & la Nobleffe de Pologne ne poffede que 80100 tant villes que villages & que les Evêques, les Chanoines, les Abbés, les Abbeffes, & les autres Ecclefiaftiques en ont en propriété 260050. Il y a plufieurs Evêchés en Pologne qui valent 100000 liv. L'Abbaye d'Oliva a un revenu énorme, & il eft certain que les plus grands Domaines de la République font entre les mains de fon Clergé. Le fafte des Evêques Polonois & des gros bénéficiers étonne; on

eft furpris de voir leur palais plus vaftes &
plus magnifiques que les églifes; leurs ameublemens
plus fomptueux que les habits facerdotaux & les
ornemens des Autels; leur vaiffelle eft d'un plus
grand prix que les vafes facrés. Ils ont de nombreux Domeftiques, des Officiers de toute efpece,
*tandis que tant de pauvres dont le foin leur eft com-
mis*, dit le Philofophe bienfaifant, *languiffent fur le
fumier, victimes de leur vanité & de leur avarice.* Un
Séculier, dit encore ce grand Prince, *ofe-t-il toucher
aux biens de l'Eglife? cette même Eglife le fou-
droie, lance fur lui les anathêmes, & s'il perfifte à ra-
vir fon héritage, elle le retranche de fon fein; & un
Eccléfiaftique fans crainte d'excommunication, s'arroge
le droit de voler l'Eglife en détournant de leur véritable deftination les revenus qu'elle-lui a confiés.*

Le Roi de Pologne a la nomination de tous les
Archevêchés, Evêchés & autres bénéfices confif-
toriaux, & dès lors il a toujours dans fon parti
tout le clergé. Rien de plus rebutant que l'ine-
galité des biens eccléfiaftiques dans ce pays. On
eft étonné d'y voir tant d'opulence dans le haut
clergé & tant de mifere dans le bas; mais on eft
bien plus furpris encore, lorfqu'on connoît le peu
que le clergé donne en Pologne pour foudoyer les
troupes. Pour s'en dédommager, la République
a introduit l'ufage de mettre ces mêmes troupes en
quartier chez les fujets des Eccléfiaftiques qui font
les plus malheureux. Cela n'arriveroit pas fi la
République faifoit contribuer leurs maîtres, où fi
ces maîtres fe taxoient eux-mêmes en faveur de
l'Etat.

Les Moines font beaucoup plus refpectés en Pologne que les Prêtres Séculiers; ils y jouiffent de
beaucoup de richeffes, & fouvent entreprennent
fur la Jurisdiction des Pafteurs légitimes, fans que
ceux-ci ofent fe plaindre. Pour conferver leur
afcendant, ils ne négligent rien pour rendre le
peuple fuperftitieux, & fous le prétexte de diriger
les confciences, ils s'arrogent le droit de régir les
affaires temporelles des familles. On voit très fouvent dans les villes de la Pologne, les Freres quê-
teurs, aller hardiment dans toutes les maifons, &
entrer dans les appartemens les plus retirés, fans
en demander la permiffion. De cette préférence il
en arrive que le Clergé féculier y eft beaucoup plus
régulier dans fes mœurs, que le Clergé régulier.
Celles des Evêques y font généralément pures; &
de ce que quelques-uns d'eux fe mêlent plus des
intrigues de la Cour & des affaires publiques, que
de la conduite des ames, il ne faut pas croire que
ce foit le plus grand nombre. Plufieurs d'entr'eux réfident dans leurs Diocèfes, & s'occupent
tout entiers des devoirs de leur état. Ils y vivent
de la maniere la plus édifiante.

Tout le fuperflu des Eccléfiaftiques appartient
aux pauvres; il appartiendroit à l'Etat, fi l'Etat
fe chargeoit de la fubfiftance des pauvres de, l'entretien & de l'embelliffement des temples; du
moins c'eft ainfi qu'en jugeoit le plus pieux des
Rois, Staniflas Lefczinski, & ce qui l'auroit déterminé s'il fût refté fur le trône, à propofer à
fa nation de faire une maffe de ce fuperflu pour

fervir

pour fervir aux befoins de l'Etat. De cet établiffement réfulteroit un très grand bien, même pour
les Ec_cléfiaftiques ; car ceux - ci contribuant comme les autres Citoyens aux charges de l'Etat,
leurs terres ne feroient plus pillées comme elles le
font, par les Soldats qu'on y envoie en quartier.

Pour parvenir en Pologne aux grandes charges
& aux dignités, il faut avoir fervi dans le Corps
des Huffards. Ce Corps eft compofé de l'élite de
la Nobleffe Polonoife. Il en eft peu en Europe
qui lui foient comparables ; chaque Cavalier porte
une cuiraffe que la vanité Polonoife prend foin
d'embellir: il porte fur la tête un cafque, une
peau de panthere dont le mufle s'attache au devant
de l'épaule gauche, paffe par derriere jufqu'à la
hanche droite. Autrefois leur principale Arme
étoit une Lance ; depuis Sobiesky on lui a fubftitué
un Mousqueton. Les Huffards ont auffi deux pis-
tolets & deux fabres ; leurs chevaux font très
beaux & leurs harnois très riches. Le Corps des
Penceres eft auffi compofé de Gentils - hommes :
il eft divifé par compagnie de deux cents hommes : à la tête de chacune d'elles font les premiers de
l'Etat: des Evêques même ont de ces compagnies
& font repréfentés par des Lieutenants qui reçoi-
vent d'eux de groffes penfions. Le Pencere ne
porte point de cuiraffe, mais une chemife de
mailles & fes armes font les mêmes que celles des
Huffards. La Pologne entretient encore une Infanterie & un Corps de Dragons. Ces différents
Corps de troupes peuvent former une armée d'en-

I

viron 48,000 hommes, à quoi il faut ajouter la Maison militaire du Roi que compofent un Régiment d'Infanterie de 1200 hommes, un Corps de 400 Janiffaires, un autre de 400 Dragons, & une Compagnie de Suiffes.

Tout le militaire de Pologne forme deux Corps d'armée tout-à-fait diftincts l'un de l'autre. Celui de la grande Lituanie fe nomme l'Armée Lituanienne ; celui de la Pologne , l'Armée Polonoife. Toutes deux dépendantes de la République, peuvent être commandées par le Roi en perfonne ; mais elles ont chacune leur Grand & leur Petit Général, & leur avant-garde eft commandée par un Officier particulier, nommé le Stragniek. C'eft le Grand Général qui le nomme, & c'eft le Roi qui nomme le Grand & le Petit Général ; mais l'un & l'autre prêtent ferment à la République. Avant la Diete de 1731, les Grands Généraux ne pouvoient être nommés qu'en pleine Diete, après laquelle le Roi de Pologne rentra dans les droits de les nommer, comme les autres charges & autres Offices de la République. Anciennement le Grand Général ne l'étoit que pour un temps ; cet Office fut conféré à vie pour la premiere fois en 1581.

Le pouvoir des Grands Généraux n'a prefque pas de bornes : il eft tel que dans plufieurs occafions, on les à vus refufer de faire marcher l'Armée, même lorfque le Roi qui la commandoit en avoit donné l'ordre. Au commencement d'une Campagne, toutes les opérations font arrêtées par le Roi, les Sénateurs & les Grands Généraux, &

c'eſt à ces derniers qu'eſt conferé le ſoin de leur exécution. Alors ils agiſſent arbitrairement, ſurtout ſi le Roi eſt abſent. C'eſt le Grand Général qui regle les marches, décide les batailles, distribue les récompenſes & les punitions, éleve & caſſe les Officiers à ſa volonté, peut même leur faire couper la tête ſans etre obligé de rendre compte à d'autres qu'à la République aſſemblée en Diete. Toute cette grande autorité ceſſe du moment que le Roi prend le commandement de l'Armée.

Le Petit Général prend la place du Grand, lorsque celui-ci quitte l'Armée, & exerce la même autorité; il jouit des mêmes droits que lui, il eſt entiérement ſubordonné au Grand Général, & n'a d'autre commandement que celui qu'il veut bien lui donner

Anciennement l'autorité des Grands Généraux de Pologne & de Lithuanie étoit plus grande, & leurs droits beaucoup plus étendus qu'ils ne le ſont préſentement. Leur pouvoir & leur puiſſance étoient à peu de choſe près auſſi conſidérables que le pouvoir & la puiſſance des Connétables de France. Ils étoient les chefs ſuprêmes de la milice de la République, commandoient ſes troupes & en diſpoſoient comme ils le jugeoient à propos, décidoient de tout ce qui concernoit le militaire, & nommoient à tous les emplois, juſqu'aux régimens; ils pouvoient même lever ſur les Palatinats les fonds néceſſaires pour le paiement des troupes & difpofoient de toutes les fommes deftinées à gratifier les Officiers.

Depuis 1764 on a reftreint leur pouvoir; on a diminué leurs droits; leurs principales fonctions ont paffé à une Commiffion des guerres, qui depuis ce temps remplit toutes les anciennes fonctions des Grands Généraux. Il eft vrai qu'on les a créés préfidents de cette Commiffion, & qu'on leur a laiffé le droit de nommer aux places de Capitaines & autres emplois militaires d'un grade inférieur, excepté dans les Régimens des Gardes. Ils peuvent avoir toujours auprès d'eux les Régimens de Dragons qui leur appartiennent en qualité de Grands Généraux & une Garde de Janiffaires & de Hongrois, comme ils l'avoient autrefois. Un Officier de chaque Régiment étranger & deux de chaque Régiment de troupes nationales font obligés de refter auprès des Grands Généraux qui nomment les Généraux de l'avantgarde, & les Quartiers Maîtres Généraux, qui autrefois étoient nommés par le Roi.

Depuis 1768, les Grands Généraux font au nombre des Miniftres d'Etat, & leurs places dans les affemblées de la Nation, font immédiatement après le Grand Maréchal du grand Duché de Lithuanie; cet Office ne peut être aujourd'hui poffédé que par un Sénateur.

Le Grand Général de Lithuanie comme celui de Pologne à d'appointements 120,000 florins de Pologne ou 72,000 Liv. de France. Ceux des Petits Généraux font de 80,000 fl. ou 48,000 liv. de France.

Ces Petits Généraux depuis 1768 font Vice-préfidents de la Commiffion des guerres, & ils ont pour garde une Compagnie à pied de Hongrois, & le Régiment de Dragons attaché à leurs charges.

Quand le Roi a choifi les Grands & les Petits Généraux, il leur envoie le bâton de commandement, qui eft la marque diftinctive de leur dignité; c'eft un bâton, nommé *boulaf*, qui reffemble à une maffe d'arme: il eft fort court, & eft terminé par le bout par une groffe pomme d'argent ou de vermeil quelquefois enrichie de pierreries. A la guerre, le Grand Général campe à la droite de la ligne, & le Petit Général à la gauche.

De ce que les Polonois avoient plufieurs fois fait la guerre avec avantage contre les Ruffes, ils fe font imaginés qu'ils pourroient encore s'oppofer à leurs entreprifes; la guerre que la Ruffie faifoit alors au Turc, les affermiffoit encore dans cette confiance: d'ailleurs ils efpéroient que les autres Puiffances de l'Europe ne fouffriroient pas que la Ruffie fi elle avoit la fuppériorité fur le Turc, tînt dans fa dépendance la Pologne; ils voyoient même un intérêt pour les Princes d'Allemagne à s'y oppofer avec force. Dans cette confiance les Polonois réfifterent à toutes les volontés de la Cour de Ruffie; ils allerent même, comme nous avons dejà dit, jufqu'à vouloir renverfer du trône celui que l'Impératrice de Ruffie

y avoit placé. Par là , loin de nuire à la Rus-
fie, ils la fervoient ; les autres Puiffances s'inte-
refferent au fort d'un Prince qu'elles avoient reconnu.

Mais ce qui contribua le plus à faire échouer
les projets des Confédérés & à maintenir leur
Roi fur le trône, ce fut le traité d'alliance offenfif & défenfif conclu entre la Pruffe & la Ruffie
par le Prince Henri Par ce traité le Roi de Prus-
fe s'étoit engagé à donner tous les ans à la Ruffie
un fubfide d'argent confidérable, ou à lui fournir
à fon choix un corps de 40,000 hommes. L'Impératrice de Ruffie reçut d'abord le fubfide, mais
quand elle vit que les Confédérés s'obftinoient de
plus en plus dans le projet de détrôner leur Roi ,
elle préfera les quarante mille hommes , qui étant
entrés en Pologne mirent les Confédérés hors d'é-
tat de rien entreprendre.

En rempliffant ainfi les arrangemens qu'il avoit
pris avec la Ruffie, le Roi de Pruffe pouvoit avoir
une autre vue. Il pouvoit voir que ce qui fe pas-
foit en Pologne, lui fourniroit bientôt une occafion
favorable de faire valoir avec fuccès fes droits fur
la Pruffe Royale. Je n'entre pas dans l'examen
de la légitimité de ces droits ; elle me paroît bien
établie par les écrits que ce prince a mis depuis
peu fous les yeux du Public. Il eft vrai qu'on
trouve dans les Mémoires de Brandebourg que
nous devons à la plume philofophique de ce grand
Roi, que lui même ne croyoit pas fes droits fur la
Pruffe Royale trop bien fondés. Voici ce qu'il

dit. *En 1733 la France effaya de porter le Roi Frédéric Guillaume à faire entrer un Corps de troupes dans la Pruffe Polonoife & de la garder en féqueftre, de même qu'il en avoit ufé avec la Poméranie ; mais Frédéric Guillaume ne vouloit rien donner au hafard, il craignoit de s'engager dans une guerre qui pouvoit le mener trop loin & qui détruiroit fes forces. D'un autre côté, tandis que l'Electeur Palatin infirme & fort âgé, pouvoit venir à mourir, il croyoit fes droits fur la fucceffion de Juliers légitimes, & l'entreprife fur la Pruffe Polonaife, injufte.*

Ce qui m'étonne & ce qui doit étonner quiconque voudra un peu y réfléchir, c'eft que les Polonois qui n'ignoroient pas les pretentions du Roi de Pruffe, n'aient pas fait tourner à leur avantage ces mêmes prétentions ; ils avoient befoin d'un appui, ils s'en feroient fait un du Roi de Pruffe, fi avant qu'il eût fait fon traité avec la Ruffie, ils euffent imploré fa protection, & s'ils lui euffent affuré pour prix des fecours qu'il leur auroit donnés, de lui céder la partie de la Pruffe Royale qu'il revendiquoit. S'ils euffent tenu cette conduite, le Roi de Pruffe feroit devenu leur défenfeur, l'Empereur n'auroit peut-être pas tenté de fon côté la revendication des parties de la Pologne dont il eft aujourd'hui en poffeffion.

Au refte le demembrement de la Pologne étoit projetté depuis longtems. Quelques jours avant fa mort le dernier Roi dit au Prince Radzivil : *Je fuis fâché de quitter la vie avant que la Pologne ait nommé mon fucceffeur ; je vous recommande le Duc de Courlande mon fils que je crois digne de votre suffrage & de mériter la confiance de la République. Si j'eusse voulu acquiescer aux propositions qu'on m'a faites, de consentir à ce que la Pologne fût démembrée, j'aurois il y a longtems, assuré dans ma famille le trône que j'occupe.*

Au reste, tout ce qui arrive aujourd'hui à la Pologne lui avoit été prédit il y a longtems. En 1661 son Roi Casimir disoit aux Etats assemblés. *Je prévois les malheurs qui menacent notre Patrie; puisse-je être un mauvais prophete! Les Moscovites & les Cosaques unis s'approprieront le Duché de Lithuanie, les confins de la grande Pologne ouverts, offriront à la Prusse un moyen de faire valoir des traités que le droit des armes rendra plus que probables. La Maison d'Autriche portera ses vues sur Cracovie & chacun de nos voisins aimera mieux s'emparer à main armée d'une partie de la Pologne, que d'attendre à posséder peut-être un jour un Royaume que ses anciens privileges semblent garantir des entreprises des Puissances étrangeres.*

C'est la Russie qui a proposé la premiere aux deux autres Puissances copartageantes, le démembrement de la Pologne, qui occupe aujourd'hui toute l'Europe. On prétend que la Russie ne fut elle-même déterminée à cette démarche que par l'effet du hasard. Ses Ministres lisoient un jour un papier public dans lequel on annonçoit aux habitans de la Pologne que pour leur rendre la tranquillité & dé livrer pour toujours leur pays des troubles qui l'affligeoient sans cesse, le plus sûr moyen seroit qu'on la démembrât. S'érigeant même en prophete, l'auteur de cet ouvrage périodique leur annonçoit que cela pourroit bientôt arriver. Les Miniſtres Ruſſes dirent que l'Auteur avoit raiſon ; & qu'il y auroit même de l'humanité, s'il n'y avoit pas de juſtice, à faire enſorte que cette prophétie s'accomplît, & que comme la tranquillité de l'Europe & ſurtout celle des pays qui avoiſinoient la Pologne devoit être intéreſſée à ce que celle-ci fût à l'avenir dans l'heureuſe impuiſſance de la troubler par des guerres inteſtines, il falloit abſolument la mettre dans cet état. En conſéquence le plan de l'entrepriſe fut formé : on le propoſa au Roi de Pruſſe & à l'Empereur : il fut gouté : chacun donna l'état de ſes prétentions & fit marcher ſes troupes pour s'emparer du pays qu'il prétendoit lui appartenir.

Les Confédérés n'en furent d'abord que médiocrement abattus ; ils compterent que quelque événement heureux les tireroit du mauvais pas où ils étoient. Un d'entr'eux, le Comte de Wiosky, Miniſtre des Confédérés à la Cour de France, dreſſa un projet de réformation qu'il communiqua en paſſant par Strasbourg à une Princeſſe Polonoiſe qui y étoit alors. En voici le précis :

„ Que les trois Grands Officiers de l'Etat, le
„ Chancelier, le Grand Maréchal, & le Grand
„ Tréſorier ne ſeroient plus nommés à l'avenir par
„ le Roi, mais par la Nation ; qu'ils n'exerceroient
„ leurs charges que pendant trois années, à l'expi-
„ ration deſquelles ils ſeroient remplacés par trois
„ ſujets qui auroient été choiſis dans la 3ᵉ. année
„ & qui ſeroient adjoints pendant les trois der-

„ nieres années des trois Grands Officiers qu'ils
„ devoient remplacer.

„ Que ce seroit parmi ceux qui auroient exer-
„ cé les trois importans emplois de Grands Offi-
„ ciers de l'Etat qu'on choisiroit le nouveau Roi,
„ lorsque le trône deviendroit vacant ”.

A chaque nouvelle élection, disoit le Comte de W. de ces mêmes Officiers, les Nonces des provinces assemblés pour cette élection, donneroient leur suffrage pour le trône à celui d'un des trois qu'ils croiroient le plus digne de remplacer le Roi regnant, lorsqu'il viendroit à mourir. Ce suffrage donné par écrit, seroit déposé sans être communiqué dans un grand coffre de fer qui seroit placé dans la salle du Sénat, de maniere que le trône devenu vacant, & le coffre étant ouvert en présence de tous les Nonces, on sauroit tout d'un coup celui qui devroit le remplir, & pour le savoir, il suffiroit de compter les suffrages & celui qui en réuniroit le plus grand nombre seroit à l'instant proclamé Roi.

Cette forme d'élection vaudroit sans doute mieux que celle qui a subsisté jusqu'à présent; mais il vaudroit mieux encore établir l'hérédité du trône qui assurant le sceptre dans une famille, mettroit fin pour toujours à toute guerre intestine; sans compter qu'un Roi patriote pourroit bien plus facilement alors réformer les abus qui subsistent dans le Gouvernement Polonois.

F I N.

9 782329 464923